明代登科錄彙編二

世恆謂科舉不盡得人才然自宋已來更數百歲名臣將士往〻出其中科舉何遽不得士而闒冗小人亦往〻出焉薰蕕雜糅近古類然事勢所無如何也嘗論君子小人之消長視運會之否泰為轉移時際其泰君子多而小人少時丁其否一君子不敵衆小人拔茅連茹易二卦爻詞並取之所繫顧不重歟吾觀天順元年進士登科錄不能無慨然也時讀卷大臣總其事者徐有貞有貞故小人其貳王翺等率附寵希榮一流惟李賢庶幾乎君子是科一甲第一人黎淳

滔躋顯仕名能文章然官庶子時與高瑤爭郕王廟號蒙訾清議誠哉為有貞之徒其間獨彭韶最賢韶任職昌言正色秉節無私史稱孝宗朝多君子寔居其一是科庸盡不得士甚取士之賢不肖主者固無容心要之鑒衡精鑑慎匪他人責也今世運亦否極矣科目廢除久矣人才宜何道之出而可使斯世化否為泰乎抑吾不敢知已

筱麓觀詧寄示茲錄索題懷有感切為推論如此

甲子七月之晦漢陽李哲明識

天順元年進士登科錄

玉音

天順元年三月初十日禮部左侍郎臣鄒幹

等官於

奉天門

奏為科舉事會試天下舉人取中二百九十

四名本年三月十五日

殿試合請讀卷官及執事等官吏部尚書王翺

等四十五員其進士出身等第恭依

太祖高皇帝欽定資格第一甲例取三名第一名從六品第二第三名正七品賜進士及第第二甲從七品賜進士出身第三甲正八品賜同進士出身奉

聖旨是欽此

讀卷官

奉天翊衛推誠宣力守正文臣特進光祿大夫柱國武功伯兼

華蓋殿大學士掌文淵閣事徐有貞 癸丑進士

奉天翊衛推誠宣力守正文臣特進光祿大夫柱國靖遠伯兼兵部尚書王驥 丙戌進士

奉天翊衛推誠宣力武臣特進光祿大夫柱國興濟伯兼太子太保掌鴻臚寺事楊善 士舍
資善大夫吏部尚書兼翰林院學士李賢 癸丑進士
資政大夫吏部尚書王翺 乙未進士
資善大夫工部尚書趙榮 秀才
嘉議大夫戶部右侍郎楊鼎 己未進士
正議大夫資治尹刑部左侍郎劉廣衡 甲辰進士
嘉議大夫都察院左副都御史寇深 監生
嘉議大夫通政使司通政使王復 壬戌進士
嘉議大夫大理寺卿李賓 乙未進士
奉議大夫尚寶司卿兼翰林院侍講李紹 癸丑進士

提調官
正議大夫資治尹禮部左侍郎鄭䉄 己未進士
嘉議大夫禮部右侍郎蕭瑭 癸丑進士
嘉議大夫禮部右侍郎章綸 己未進士
監試官
文林郎浙江道監察御史鄭宏 辛未進士
文林郎山東道監察御史王越 辛未進士
受卷官
大中大夫資治少尹太僕寺卿夏衡 生員
翰林院侍講周洪謨 乙丑進士

吏科都給事中李讚戊辰進士

禮科都給事中楊樾辛酉貢士

彌封官

中大夫光祿寺卿蔚能

鴻臚寺卿齊政丁酉貢士

兵科都給事中王鉉乙丑進士

戶科給事中白瑩戊辰進士

翰林院孔目宋敏壬午貢士

掌卷官

翰林院脩撰曹恩儒士

翰林院脩撰王鏊乙未進士

工科都給事中王讓戊戌進士

刑科左給事中尹昊戊戌進士

巡綽官

昭勇將軍掌錦衣衛事都指揮僉事王喜

昭勇將軍管錦衣衛事都指揮僉事劉敬

昭勇將軍錦衣衛指揮使門達

懷遠將軍錦衣衛指揮同知袁彬

明威將軍金吾前衛指揮僉事呂敬

昭勇將軍金吾後衛指揮使朱俊

印卷官
奉議大夫禮部儀制清吏司郎中周騤 戊辰進士
奉訓大夫禮部儀制清吏司員外郎陶銓 乙丑進士
承德郎禮部儀制清吏司主事俞欽 辛未進士

供給官
儒林郎光祿寺寺丞鄺鏞 戊午貢士
承務郎光祿寺寺丞王鍾 壬子貢士
禮部司務何源 甲午貢士
奉議大夫禮部精膳清吏司郎中李宗 己未進士
奉訓大夫禮部精膳清吏司員外郎畐明祥 壬辰進士

承德郎禮部精膳清吏司主事曾卑 乙丑進士

恩榮次第

天順元年

三月十五日早諸貢士赴

內府

殿試

上御

奉天殿

親賜策問

三月十七日早

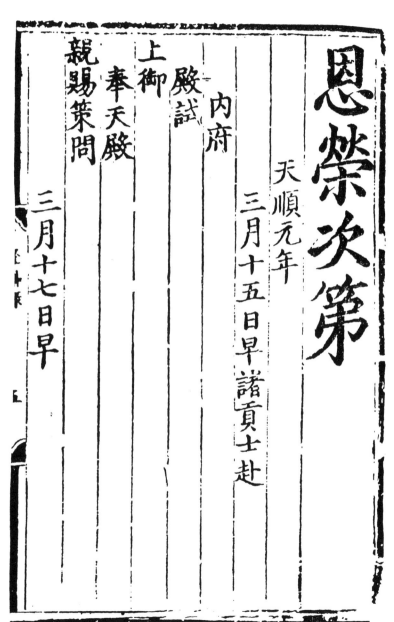

文武百官朝服侍班是日錦衣
衛設鹵簿于
丹陛丹墀内
上御
奉天殿鴻臚寺官傳
制唱名
禮部官捧
黄榜鼓樂導引出
長安左門外張掛畢順天府官用傘盖儀從
送狀元歸第

三月十八日

賜宴於禮部宴畢赴鴻臚寺習儀

三月十九日

賜狀元朝服冠帶及進士寶鈔

三月二十日狀元率諸進士上

表謝

恩

三月二十一日狀元率諸進士詣

先師孔子廟行釋菜禮

[illegible]

命工部於國子監重石[illegible]

第一甲三名

賜進士及第

黎淳 貫湖廣岳州府華容縣軍籍 縣學增廣生

治書經字太樸行五年三十四十月二十九日生

曾祖元勳 祖仕禎 父斌縣丞 母瓦氏 繼母王氏

永感下 兄濬 弟沾 滄 娶金氏

湖廣鄉試第二十四名

會試第二十五名

徐瓊　貫江西撫州府金谿縣民籍

治書經字時庸行一年三十二十月二十七日生

曾祖克明　祖邦用　父貫道　母黃氏

具慶下　弟瑤　娶吳氏

江西鄉試第四十二名　會試第三十六名

陳秉中　貫浙江湖州府烏程縣民籍　國子生

治春秋字宗堯行三年三十六六月初十日生

曾祖子壽　祖援大理寺丞　父寔主簿　母姚氏

慈侍下　弟時中　驥　敬中　守中　娶翟氏

浙江鄉試第二十名　會試第四十一名

第二甲九十七名

賜進士出身

宋瑛　貫直隸松江府華亭縣竈籍　國子生

治詩經字子光輝行四年三十八九月初十日生

曾祖雲卿　祖季文　父顒　母孫氏

慈侍下　兄琦　珙　瑮前監察御史　弟瑒　娶王氏　繼娶朱氏

應天府鄉試第三十八名

會試第一百四名

徐綺 貫浙江杭州府餘杭縣民籍 國子生
治書經字景文行四年三十八十月初三日生
曾祖成 祖子奇 父儀 母紀氏
嚴侍下 兄禮禎祐 弟祚祉礽祜裕祖 娶邵氏
浙江鄉試第四十六名 會試第六十一名

張琦 貫浙江寧波府慈谿縣民籍 國子生
治詩經字宋弼行二年三十六十一月十二日生
曾祖堅 祖鐘 父忻 母錢氏
永感下 兄璟 弟璇 娶韓氏
浙江鄉試第二十二名 會試第七十八名

羅崇徵 貫江西吉安府廬陵縣民籍 縣學增廣生

治詩經字仰止行一年三十十二月十九日生

曾祖子奇 祖敏 父祥徵 母蕭氏

重慶下 弟崇[illegible] 崇嵒 崇岊 娶劉氏

江西鄉試第二十九名 會試第一百十二名

楊琮 貫順天府涿州軍籍 國子生

治書經字廷璋行一年二十八七月初一日生

曾祖大二 祖暹 父春 母牛氏

重慶下 弟瑛 玘 瓚 娶樊氏

順天府鄉試第七十一名 會試第二百十名

彭彥充

貫江西吉安府安福縣儒籍　縣學增廣生

治春秋字仲英行十二年二十八二月十四日生

曾祖伯樞　祖同升 贈刑部主事　父貫 浙江僉事　母伍氏 封安人

具慶下　兄彝洪　弟華 翰林編脩　禮　娶蕭氏

江西鄉試第四名　會試第四名

周易同

貫湖廣荊州府石首縣民籍　府學增廣生

治書經字宗義行一年三十七九月十五日生

曾祖璦 [illegible]　祖天球　父成春　母余氏

慈侍下　弟易文　娶何氏

湖廣鄉試第六十五名　會試第一百三十六名

李慶

貫浙江紹興府新昌縣匠籍 應天府學生

治易經字宗善行二年三十二正月初五日生

曾祖伯祥 祖仲高 父友諒 母龔氏

具慶下 兄宗實 弟宗潔 娶董氏

應天府鄉試第八名 會試第一百五十七名

左贊

貫江西建昌府南城縣民籍 國子生

治春秋字時翊行八年三十四十月十八日生

曾祖彬鄉 元學正 祖謙 贈廣東右參議 父琮 山東左參政 前母聶氏 贈恭人 母白氏 封恭人

具慶下 從兄彬之 貴縣丞 娶胡氏

江西鄉試第三十一名 會試第九名

劉瀚

貫直隸蘇州府長洲縣官籍　國子生

治易經字約之行二年三十三三月二十三日生

曾祖德讓 教諭　祖仲興 贈中書舍人　父鉉 詹事府少詹事　母陸氏 封安人　繼母白氏

嚴侍下　兄澄　弟瀞　泳　等　浩 教諭　娶吳氏

應天府鄉試第三十二名　會試第三十九名

袁芳

貫江西南昌府豐城縣軍籍　國子生

治禮記字時烈行四年三十三四月初八日生

曾祖仲立　祖孟振 封知縣　父習 羨　母李氏

具慶下　兄蕃　弟莫　菲　茳　芃　蘩　蕃　薇　蓉　芽　娶張氏

江西鄉試第七十七名　會試第五名

許起

貫山東兗州府寧陽縣民籍　縣學增廣生

治詩經字立之行三年二十五六月十八日生

曾祖歲贈太常寺卿　祖仲德贈太常寺卿　父彬禮部左侍郎兼翰林學士　母張氏封淑人　生母何氏

具慶下　兄起貢士　越奎文閣典籍　弟赴　娶李氏　繼聘孫氏

山東鄉試第十四名　會試第九十六名

陳伯良

貫湖廣岳州府華容縣軍籍　國子生

治春秋字易之行五年三十三十二月十六日生

曾祖壽卿　祖添裕　父復教諭　母嚴氏

具慶下　兄伯讓伯誠伯英訓導伯温　弟伯安伯寧　娶劉氏

湖廣鄉試第八十九名　會試第二十二名

十一

趙熙　貫浙江台州府臨海縣民籍　府學生
治詩經字惟緝行五年三十四九月初七日生
曾祖德中　祖文明　父泰　前母許氏　母龔氏
永感下　兄綸　岳國子峯　岫　弟翼　娶龔氏
浙江鄉試第八十名　會試第二百八十九名

何淡　貫廣東廣州府順德縣民籍　國子生
治易經字中美行一年三十四十二月初七日生
曾祖源澤　祖戴安　父道宏　母潘氏
具慶下　弟經進士　清　娶關氏　繼娶古氏
廣東鄉試第三十五名　會試第一百九十名

柳瑛 貫直隸鳳陽府臨淮縣軍籍 國子生
治詩經字廷玉行一年二十七四月十二日生
曾祖尚九 祖耀 封監察御史 父春 監察御史 母楊氏 封孺人
重慶下 娶陳氏 繼娶陸氏
應天府鄉試第六十二名 會試第七十四名

路璋 貫江西吉安府安福縣民籍 國子生
治春秋字斐章行十四年三十三七月二十四日生
曾祖文明 祖仲節 父世清 贈給事中 母劉氏 贈孺人
永感下 兄斐 澳 斐 璵 璧 戶科都給事中 弟祥 福 禎 娶周氏
江西鄉試第三十二名 會試第一百八十三名

石澄 貫直隷滁州衛軍籍 國子生

治春秋字士廉行四年二十七六月初十日生

曾祖永清 祖玉 父銓 母蕭氏

重慶下 兄淵潤淳 弟浤深淮滮 娶王氏

應天府鄉試第一百五十名 會試第二百八十七名

范純 貫直隷蘇州府嘉定縣民籍 縣學生

治易經字誠夫行三年三十二十二月初八日生

曾祖文興 祖景逸 父彝 母邵氏

具慶下 兄洪溥 弟粹和 娶金氏繼娶王氏

應天府鄉試第七十名 會試第二百十二名

夏積 貫江西吉安府吉水縣儒籍 國子生

治易經字孚英行一年二十三 十月十五日生

曾祖伯時 教諭 祖子沌 父汝昭 母蕭氏

具慶下 弟積 娶羅氏

江西鄉試第二名 會試第一名

劉伯川 貫江西廣信府永豐縣軍籍 國子生

治書經字東之行十五年二十四 二月十四日生

曾祖仲祥 祖斯清 父宗禮 母徐氏

慈侍下 兄伯璿 伯[illegible] 娶徐氏

江西鄉試第九十一名 會試第二百四十二名

劉任治 貫江西吉安府安福縣民籍 國子生
治書經字篤恭行一年二十八十月十八日生
曾祖璣 祖體仁 父棠 母高氏
重慶下 弟任己 任德 娶戴氏
江西鄉試第一百三十八名 會試第二百二十名

郭澄 貫四川重慶府涪州民籍 州學生
治易經字廷夫行一年三十八四月十五日生
曾祖原貴 祖湜典□ 父存昌 母張氏
具慶下 弟本滋 本基 娶楊氏
四川鄉試第七名 會試第一百八十五名

王瑤

貫湖廣襄陽府襄陽縣軍籍 國子生

治書經字良玉行二年三十二正月初六日生

曾祖伯崇 祖鉅 父淙 母韓氏

慈侍下 兄瓊 弟瓚 娶張氏

湖廣鄉試第十五名 會試第二十二名

龐勝

貫直隸薊州衛官籍 國子生

治春秋字復理行一年三十五九月十四日生

曾祖上能封鎮撫 祖良衛鎮撫 父中衛鎮撫 母魏氏封宜人 繼母嚴氏

慈侍下 弟復善 娶劉氏

順天府鄉試第九十二名 會試第五十名

彭韶 貫福建興化府莆田縣民籍 府學增廣生

治書經字鳳儀行一年二十八九月二十一日生

曾祖孟德 祖體正 父思孝 母林氏

慈侍下 弟[illegible] 韹 娶黃氏

福建鄉試第二十四名 會試第七名

楊禮 貫直隸保定府易州軍籍 國子生

治易經字以敬行一年四十四五月二十六日生

曾祖仲賢 祖子安 父榮 母李氏

永感下 娶盧氏 繼娶張氏

順天府鄉試第一百三十六名 會試第二十五名

陳懋　貫浙江溫州府樂清縣民籍　國子生

治書經字尚敬行一年四十六十二月二十八日生

曾祖貫中　祖啓　父昇歡　母戴氏　繼母鮑氏

具慶下　弟渉　茜　娶盛氏

浙江鄉試第二百三名　會試第二百四十八名

黃憲　貫直隸安慶府桐城縣民籍　縣學生

治詩經字景章行三年三十六月二十一日生

曾祖甫傑　祖信立　父廷清　母方氏

具慶下　兄同軌　宇　弟寬　娶方氏

應天府鄉試第二十一名　會試第二百五十九名

徐文溥　貫福建興化府莆田縣軍籍　府學生

治詩經字若川行十年三十四八月十六日生

曾祖德驥　祖燕博　父利永　母彭氏

慈侍下　兄文源　文清　宗海　文鴻　弟文渠　文淙　娶吳氏

福建鄉試第一百十五名　會試第六十二名

劉澄　貫湖廣蘄州衛官籍　國子生

治詩經字巨囦行一年四十二六月二十一日生

曾祖任春　祖伯通　父仕齡　母姜氏

慈侍下　弟清　潔　娶羅氏

湖廣鄉試第四十名　會試第一百二十名

虞鐘

貫浙江衢州府開化縣民籍　國子生

治書經字廷宜行一年三十一五月二十四日生

曾祖舜咨元知[illegible]　祖彥英　父貴同　母潘氏

具慶下　弟應脩　應龍　娶余氏

浙江鄉試第十二名　會試第五十八名

黃塤

貫福建福州府閩縣民籍　縣學增廣生

治詩經字叔和行二年二十七十二月初七日生

曾祖仲貞　祖寅　父穉　母林氏

具慶下　娶林氏

福建鄉試第十六名　會試第七十名

孫信 貫浙江紹興府餘姚縣民籍 國子生
治禮記字中孚行三年三十九月初九日生
曾祖壽松 祖天與 父軾 母胡氏
慈侍下 兄義 忠 弟廉 娶沈氏
浙江鄉試第九十七名 會試第一百十名

夏澄 貫浙江台州府天台縣民籍 國子生
治詩經字宗應行九年三十一九月十二日生
曾祖伯忠 祖廷蕙 父太熙 母王氏
具慶下 兄奎 壁 塤（監生 衛吏） 弟瑩 圭 垕 佳 標 娶劉氏
浙江鄉試第一百十名 會試第二百九十七名

鄭鼐 貫直隸常州府武進縣軍籍 縣學生

治詩經字公實行七年三十九九月二十七日生

曾祖通甫 祖日新 贈監察御史 父謙 母潘氏 繼母陳氏

嚴侍下 兄鼎 娶呂氏

應天府鄉試第七十五名 會試第二百四十七名

陳瑾 貫河南汝寧府光州光山縣軍籍 縣學增廣生

治易經字季毛行三年二十六九月十八日生

曾祖安富 祖以政 父思敬 嫡母呂氏 繼母李氏 生母王氏

具慶下 兄瑄 璲 娶阮氏

河南鄉試第三十七名 會試第八十名

陳迪

貫貴州赤水衛軍籍　衛學軍生

治書經字元吉行二年三十五六月二十八日生

曾祖新頴　祖仕信　父鑑　母楊氏　繼母黃氏

慈侍下　兄滝　弟進　遇　逵　娶呂氏

雲南鄉試第十三名　會試第二百九十九名

謝芳

貫天津中衛軍籍　軍餘

治禮記字景昌行四年二十六十二月十八日生

曾祖貴　祖寶完　父信　嫡母宋氏　母王氏

慈侍下　兄茂　蘭　弟芸　聘張氏

順天府鄉試第一百三十三名　會試第十九名

門相

貫四川成都府内江縣民籍　國子生

治春秋字良弼行一年三十一十一月初八日生

曾祖禩來元達魯花赤　祖泰陝西僉事　父永祥　母張氏

重慶下　弟金　鄉　際　銓　娶喻氏　繼娶胡氏

四川鄉試第三名　會試第二百十一名

潘洪

貫廣東廣州右衛軍籍　國子生

治禮記字克寬行三年二十五八月十九日生

曾祖敬　祖應　父誠　母張氏

具慶下　兄淳　浩　弟濬　娶曹氏

廣東鄉試第三十四名　會試第二百九十一名

李佐

貫彭城衛軍籍　青縣學生

治書經字廷相行二年二十八十一月初七日生

曾祖文　祖玉　父庸　母沈氏

慈侍下　兄儒　娶趙氏

順天府鄉試第一百六十二名　會試第一百五十二名

葉華

貫直隸安慶府懷寧縣軍籍　國子生

治詩經字廷輝行一年三十一六月十九日生

曾祖榮甫　祖景芳　父思聰　母游氏

具慶下　弟薔　芭　蓁　蕙心　娶嚴氏

應天府鄉試第九十八名　會試第二百五十二名

許昌　貫江西饒州府浮梁縣民籍　縣學增廣生

治書經字汝賢行一年三十六月十四日生

曾祖本善教諭　祖所瞻訓導　父澄廣西按察使　母陳氏　繼母吳氏

具慶下　弟禮　顯　寧　娶黃氏

江西鄉試第二十六名　會試第二百九十名

劉槃　貫河南開封府鈞州新鄭縣民籍　國子生

治詩經字克用行一年四十一四月二十七日生

曾祖順　祖銘　父源知縣　母丁氏

具慶下　弟杲　棨　棐　榦　森　娶李氏

河南鄉試第二十九名　會試第二百九十五名

楊士倧 貫福建建寧府建安縣官籍 國子生

治春秋字原父行二年二十三九月十二日生

曾祖伯成 贈榮祿大夫少傅工部尚書兼大學士 祖榮 少師贈特進光祿大夫左柱國太師謚文敏 父錫 母詹氏 繼母劉氏

具慶下 兄士儆 弟士儀 士僎 士侀 聘蘇氏

福建鄉試第一百二十七名 會試第一百二十二名

宋訥 貫直隸松江府華亭縣民籍 府學增廣生

治書經字近仁行一年二十四正月初一日生

曾祖秀實 祖心 父鎰 嫡母袁氏 生母李氏

重慶下 弟訒 娶張氏

應天府鄉試第五十三名 會試第一百九十九名

朱貞　貫南京旗手衛軍籍　國子生
治書經字惟正行二年三十七二月初一日生
曾祖均復元縣尉　祖士林大都督府宣使　父臯　母平氏
具慶下　兄吉　弟宜　淳　娶唐氏
應天府鄉試第二百二十八名　會試第二百八十名

葉敏　貫廣東廣州府南海縣民籍　儒士
治詩經字汝行行三年二十六十二月二十七日生
曾祖祖榮　祖觀如　父武昌　母鄺氏　繼母黎氏
具慶下　兄寬　信　聘高氏
廣東鄉試第十名　會試第二百八十六名

曾文

貫江西吉安府永豐縣民籍　縣學生

治書經字應彬行二年三十三十二月初八日生

曾祖仲瑀　祖宜初　父肅學正　母黄氏

慈侍下　兄應傑　弟應育　誠　娶陳氏

江西鄉試第七十七名　會試第七十九名

展毓

貫驍騎右衛軍籍　國子生

治詩經字鍾秀行一年三十三十一月初二日生

曾祖六公　祖興　父斌　母丘氏

具慶下　娶廖氏

順天府鄉試第一百五十二名　會試第一百三十八名

于欽

貫直隸河間府交河縣民籍　縣學生

治詩經字致恭行一年二十八九月二十八日生

曾祖永智　祖彥禮　父昭倉大使　前母及氏　母董氏

具慶下　弟鑑　鍾　娶高氏

順天府鄉試第九十九名　會試第一百三十四名

石後

貫陝西西安府渭南縣官籍　舍人

治書經字先之行一年二十四十一月二十一日生

曾祖璜　祖仁　父堅　母李氏　繼母宋氏

重慶下　聘蘇氏

順天府鄉試第二十一名　會試第一百三名

唐珣

貫直隸松江府華亭縣匠籍　縣學生

治詩經字廷貴行二年二十五閏八月初二日生

曾祖仲明　祖德亮　父宗顯　母許氏

重慶下　兄瓘　弟琨　璇　娶朱氏

應天府鄉試第二十四名　會試第二百七十一名

楊冕

貫四川潼川州安岳縣軍籍　國子生

治書經字致美行二年三十四七月二十七日生

曾祖自然　祖伯才　父天義　母王氏

永感下　兄謙　娶袁氏　繼娶馬氏

四川鄉試第二十一名　會試第十一名

徐顯　貫江西吉安府永豐縣民籍　國子生
治書經字東昭行一年三十一十二月二十四日生
曾祖仲珎　祖文郁　父能拓　母姚氏
具慶下　弟東晅　娶蘇氏
江西鄉試第一百三十五名　會試第一百八十一名

陳載　貫福建興化府莆田縣民籍　國子生
治詩經字景厚行一年二十六九月十一日生
曾祖文軒　祖彥和　父朝用　母黃氏
具慶下　弟脩　娶蕭氏
福建鄉試第一百八名　會試第三十八名

張璜　貫廣東廣州府番禺縣軍籍　國子生
治書經字德淵行七年二十八二月初四日生
曾祖文達　祖普壽　父彥珵　母陳氏
嚴侍下　兄琮　瑞　玘　瓚　璟　瓛　娶韋氏
廣東鄉試第三十一名　會試第二百九十五名

王顯　貫江西撫州府臨川縣民籍　儒士
治禮記字必顯行五年二十九四月二十三日生
曾祖思敬　祖汝為教諭　父常監察御史　母黎氏
重慶下　弟昌　盛　亨　瑞　娶龔氏
順天府鄉試第一百十五名　會試第二百二十八名

胡深　貫四川重慶府巴縣民籍　國子生
治禮記字道源行四年三十七月十五日生
曾祖廷章　祖文斌　父寧典史　母陳氏
具慶下　兄濰　淳　洿　娶張氏
四川鄉試第三十八名　會試第二百十六名

劉隆　貫江西吉安府廬陵縣民籍　國子生
治詩經字徽林行三年三十二九月初九日生
曾祖思遠　祖孟良　父寅訓導　前母胡氏　母戴氏
慈侍下　兄徽瓛　徽鑑　弟徽翊　徽海　娶羅氏
江西鄉試第七十五名　會試第二百七十五名

吳遠 貫江西吉安府安福縣軍籍 國子生

治春秋字敬行行五年三十六二月十四日生

曾祖玄初 祖觀凱 贈祭酒 父節 南京國子監祭酒 前母易氏 贈恭人 母李氏

重慶下 弟高 庚午貢士 娶彭氏

江西鄉試第二十四名 會試第二百七十八名

張翥 貫直隸蘇州府長洲縣軍籍 府學軍生

治易經字汝振行二年二十八二月二十二日生

曾祖 逵 知縣 祖文淵 父樞 母陸氏

具慶下 兄翼 弟習 娶吳氏

應天府鄉試第一百六十一名 會試第二百一名

夏志明 貫直隸太平府當塗縣民籍 府學生
治詩經字惟公行二年二十五五月二十二日生
曾祖德中 祖壽可 父安 母沈氏
具慶下 兄志賢 弟志傑 志學 聘李氏
應天府鄉試第六十三名 會試第五十六名

馮安 貫浙江湖州府德清縣民籍 縣學增廣生
治易經字汝止行三年二十四四月二十七日生
曾祖信忠 祖善卿 贈經歷 父遵道 都察院經歷 嫡母宋氏 封安人 壽沈氏
慈侍下 兄信 寧 未娶
浙江鄉試第三十七名 會試第一百五十二名

萬翼

貫四川眉州軍籍　州學增廣生

治詩經字苾之行三年二十一九月二十四日生

曾祖溥榮　祖琳贈司直郎兼編修　父安尚寶司丞兼翰林院編修　母胡氏封宜人

具慶下　娶趙氏

四川鄉試第十三名　會試第一百十六名

趙瑛

貫錦衣衛軍匠籍　順天府學軍生

治書經字彥華行三年二十八三月十五日生

曾祖成前正千戶　祖祥　父敬　母張氏　繼母郭氏

具慶下　兄瑄　璹　弟瓛　娶施氏

順天府鄉試第三十二名　會試第二十九名

羅訓

貫江西吉安府吉水縣民籍 國子生

治書經字主訓行一年四十五六月十六日生

曾祖宗瑞 祖易簡 父從脩 母周氏

永感下 娶龍氏 繼娶王氏 耿氏

江西鄉試第六十六名 會試第二百十八名

蔣雲漢

貫四川重慶府巴縣軍籍 府學生

治書經字天章行一年二十四二月十六日生

曾祖受 祖友才 父福 母薛氏

具慶下 弟雲鳳 娶黃氏

四川鄉試第二十四名 會試第二百三十六名

袁潔

貫直隸保定府滿城縣軍籍　縣學增廣生

治詩經字士瑩行二年三十三十二月初七日生

曾祖昱宗芳　祖鑑　父庸知縣　母冉氏

慈侍下　兄清　弟溥　娶董氏

順天府鄉試第二十二名　會試第二百四十二名

劉本

貫四川敘州府富順縣民籍　國子生

治書經字源之行三年四十十二月二十一日生

曾祖清三　祖允樵　父道琦　母陰氏

永感下　兄思春　思學　弟思立　娶王氏

四川鄉試第二十九名　會試第九十四名

楊繼宗

貫山西澤州陽城縣民籍 國子生

治詩經字承芳行一年三十二十二月初九日生

曾祖彥亨 祖勝知縣 父時幹 母原氏

具慶下 弟榮宗 顯宗 慶宗 泰宗 娶李氏

山西鄉試第六名 會試第二百二十五名

胡信

貫直隸鎮江府丹徒縣官籍 國子生

治詩經字宗實行三年二十六五月二十一日生

曾祖繼先 祖德原封給事中 父清浙江右參政 母張氏贈孺人

重慶下 兄俔 敞 娶周氏 繼娶萬氏

應天府鄉試第九十二名 會試第二百九名

游浩　貫江西南昌府豐城縣民籍　國子生

治詩經字盛如行一年二十八六月初二日生

曾祖庭侃　祖時億　父希齊　母黎氏

重慶下　弟温　演　娶熊氏

江西鄉試第一百二十六名　會試第一百四十二名

孟顒　貫浙江紹興府會稽縣民籍　國子生

治春秋字克勤行五年三十一九月初九日生

曾祖茂　祖敬　父莊　母阮氏

具慶下　兄頫　頋　預　頲　娶曾氏

浙江鄉試第三十四名　會試第二百二名

陳綱　貫浙江杭州府錢塘縣民籍　縣學生
治易經字立之行一年二十五五月二十九日生
曾祖彥禎　祖仲禮　父大本　母華氏
重慶下　弟紀　統　緒　娶史氏
浙江鄉試第一名　會試第八十四名
周譔　貫江西臨江府新淦縣民籍　國子生
治易經字守譔行三年三十十二月二十三日生
曾祖平殷　祖鈇仲　父行勉　母任氏
具慶下　弟守諒　守謙　守謂　守信　守讓　娶蕭氏
江西鄉試第五十一名　會試第十二名

蔡誌　貫順天府大興縣民籍　國子生

治詩經字克存行一年二十八四月十二日生

曾祖景仁　祖亮　父潤　母張氏

重慶下　弟謹　誠　諫　讚　娶屠氏

順天府鄉試第三十八名　會試第一百九十三名

馮敬　貫直隸大名府元城縣民籍　國子生

治書經字子欽行一年三十正月初二日生

曾祖七中　祖義美　父海　母解氏　繼母陳氏

具慶下　弟讓　興　娶周氏

順天府鄉試第七名　會試第二百三十四名

彭杲　貫四川永寧宣撫司民籍　國子生

治詩經字仕顯行一年三十四五月十三日生

曾祖景仁　祖孔脩教授　父學朸　母劉氏

具慶下　弟㬌　臬　㴝　縈　釆　娶尹氏

順天府鄉試第三名　會試二百八十一名

陸鏞　貫直隸蘇州府崑山縣軍籍　國子生

治禮記字時鳴行一年二十七二月二十六日生

曾祖子華　祖瑛　父敔　母申氏

具慶下　弟鑑　鏔　娶蕭氏

順天府鄉試第八十三名　會試第二百七十名

鄭克和 貫福建福州府閩縣軍籍 縣學增廣生
治春秋字克和行五年二十八十一月二十五日生
曾祖贍 祖瑩 進士 父琅 國子生 母潘氏
永感下 弟克靜 克應 克昭 娶宋氏
福建鄉試第四十四名 會試第六十八名

嚴祖興 貫四川叙州府富順縣民籍 國子生
治易經字廷傑行一年三十四五月十八日生
曾祖宗泰 祖志斌 教諭 父文行 母鄧氏
重慶下 弟祖誠 祖榮 祖武 娶楊氏
四川鄉試第四名 會試第一百四十六名

鄒和

貫應天府上元縣民籍　國子生
治書經字允達行六年三十三四月二十三日生
曾祖福　祖彥中　父魯　母王氏
慈侍下　兄愷　斌　敬　讓　泰　娶張氏
應天府鄉試第十九名　會試第二百九十八名

馮孜

貫四川順慶府南充縣軍籍　國子生
治詩經字師虞行一年二十七五月初三日生
曾祖義華　祖重山　父林　母高氏
具慶下　弟祥　娶謝氏
四川鄉試第四十一名　會試第二百名

何衷

貫江西臨江府新淦縣民籍　縣學增廣生

治詩經字惟孝行二年二十八 十月初四日生

曾祖務榮　祖自充　父貞教授　母涂氏

具慶下　兄惟賢　弟惟善　惟純　惟敬　惟能　娶習氏

江西鄉試第九十五名　會試第三名

吳森

貫福建漳州府漳浦縣民籍　國子生

治詩經字以時行三年二十七 八月十九日生

曾祖廣德　祖赫聲　父務賢　母蔡氏

慈侍下　兄以禮　以仁　弟原庚午貢士　和　娶李氏

福建鄉試第七十名　會試第九十九名

楊壽 貫浙江杭州府錢塘縣民籍 國子生
治易經字愷之行三年二十九八月二十一日生
曾祖復善 祖恒 父仲和 母丁氏
具慶下 兄福 慶 娶王氏
浙江鄉試第一百二十二名 會試第一百四十一名

端宏 貫直隸太平府當塗縣民籍 國子生
治易經字仲仁行二年三十五三月初七日生
曾祖時緒 祖以良 父厚 母劉氏
具慶下 兄寧 容 弟宗 宥 賔 宜 娶張氏
應天府鄉試第一百五名 會試第六十二名

俞澤 貫浙江寧波府鄞縣民籍 國子生

治書經字汝霖行六年三十四二月二十一日生

曾祖子文 祖充大 父待儒前監察御史 母陳氏

具慶下 兄端存學[illegible]度文 弟復約亮宏遠 娶應氏

浙江鄉試第二名 會試第一百六名

樂章 貫廣西南寧府橫州民籍 國子生

治春秋字宗韶行二年三十九十一月二十七日生

曾祖良輿 祖敬嚴 父士容 母李氏

具慶下 兄宗緒 弟宗舜 娶楊氏

廣西鄉試第四名 會試第一百四十九名

馮銀 貫浙江台州府臨海縣民籍 國子生

治詩經字純端行二年三十一正月初一日生

曾祖子曉 祖原詢 父秉拓 前母尹氏 母許氏

慈侍下 兄楣 弟鑅 楨 槩 樑 摻 櫢 棽 欒 娶薛氏

浙江鄉試第一百三十九名 會試第三十四名

劉觀 貫江西南昌府新建縣民籍 國子生

治易經字文光行一年五十一十月三十日生

曾祖景昇 祖伯淵 昪 父禮賓 母余氏

慈侍下 弟文達 文邦 文野 文遠 娶余氏

江西鄉試第四十三名 會試第一百八名

李璲

貫浙江台州府黃巖縣民籍　都司吏

治詩經字崇信行六年三十二八月二十日生

曾祖文哲　祖存仁知縣　父寅恭　母陳氏

永感下　兄祥　章　會知縣　讓訓導　弟璨　瑛　甫　殷　暎　泉　生　娶黃氏

浙江鄉試第九十八名　會試第二百二十名

孔宗顯

貫直隸常州府武進縣民籍宣聖六十一世孫國子生

治詩經字弘章行一年三十六閏十二月初九日生

曾祖悳　祖彥德　父玉　母趙氏

慈侍下　弟宗道　宗訓　娶何氏

應天府鄉試第七十五名　會試第一百五十五名

倪顒

貫浙江嘉興府海鹽縣民籍　國子生
治詩經字廷瞻行一年二十九七月初三日生
曾祖富　祖潤　父政教諭　母張氏
重慶下　弟昻　璋　璠　贇　娶王氏
浙江鄉試第四十一名　會試第一百九名

楊完

貫直隸鳳陽府定遠縣民籍　國子生
治禮記字德全行七年三十二十二月二十一日生
曾祖禎鹽運司提舉　祖文憲　父以學　母沈氏
永感下　兄宏　宥　容　宜　寯　寀　娶徐氏
應天府鄉試第五名　會試第三十七名

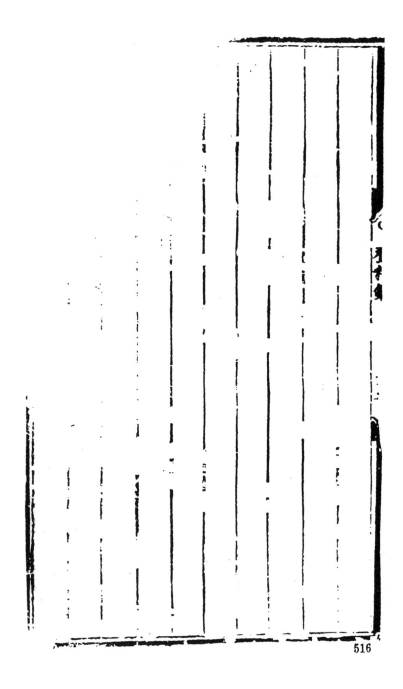

第三甲一百九十四名賜同進士出身

姚景永

貫順天府薊州遵化縣民籍　國子生

治詩經字景聰行一年三十三十月十七日生

曾祖善典　祖銘　父喆　前母張氏　母孫氏

慈侍下　娶周氏

順天府鄉試第六十六名

會試第十六名

白昂

貫直隸常州府武進縣民籍　縣學增廣生

治詩經字廷儀行一年二十三十二月初五日生

曾祖時中　祖思恭　父珂[illegible]　母鄭氏　繼母王氏

重慶下　弟昇　晟　娶蔣氏

應天府鄉試第六十九名　會試第一百八十九名

王道

貫河南汝寧府光州固始縣民籍　國子生

治春秋字允志行三年三十一正月初四日生

曾祖君霖　祖忠　父寧　母易氏

嚴侍下　兄遜　迪　娶李氏

河南鄉試第八名　會試第一百七十五名

應瀚 貫浙江寧波府奉化縣民籍 國子生
治易經字克涵行四年三十四十一月二十七日生
曾祖惠生 祖汝潮 父純璀 母王氏
具慶下 兄滲 泓 杰 弟瀜 娶王氏
浙江鄉試第二十二名 會試第六名

談倫 貫直隸松江府上海縣竈籍 縣學增廣生
治詩經字本彝行二年二十八月初八日生
曾祖季芳 祖用夫 父景蟾 母王氏
重慶下 兄常 弟敍 秩 雍 紀 綸 紳 娶王氏
應天府鄉試第四十四名 會試第二百十九名

蔡括

貫河南汝寧府光州民籍 州學生

治書經字克智行四年三十五二月初七日生

曾祖文郁 祖溥德 父玄慶 母楊氏

慈侍下 兄克仁 克義 克禮 弟克信 娶黃氏

河南鄉試第六十五名 會試第一百二十一名

楊魁

貫江西吉安府吉水縣民籍 縣學增廣生

治書經字用元行一年三十六三月二十日生

曾祖居敬 祖孟貞 父大觀 母彭氏

具慶下 弟用吾 用寬 用謹 娶鄧氏

江西鄉試第五十三名 會試第四十三名

徐慶 貫廣東潮州府揭陽縣軍籍 縣學生

治書經字宗敬行一年三十二月十八日生

曾祖清湖 祖敦恪 父穆 母陳氏

具慶下 弟坤山 奇 貴 隆 傑 娶鄭氏

廣東鄉試第六十六名 會試第一百十七名

王豎 貫直隸河間府塩山縣民籍 國子生

治易經字希成行二年三十三十一月初五日生

曾祖得林贈吏部尚書 祖福耆 父子中 母鄭氏

具慶下 兄鑑 弟里癸酉貢士 清 真 娶李氏

順天府鄉試第一百三十八名 會試第二百四十四名

劉鐸　貫永清右衛軍籍　順天府學軍生

治春秋字以道行一年二十六十二月二十八日生

曾祖福海　祖敬先　父能　母燕氏

重慶下　弟鑑　鎧　欽　娶周氏

順天府鄉試第二十二名　會試第七十七名

黃金　貫直隸安慶府桐城縣民籍　國子生

治詩經字廷貴行一年四十五七月十七日生

曾祖直四　祖福珊　父宗敬　母查氏

具慶下　弟鼎　鏓　鐸　鑄　鏊　娶陳氏

應天府鄉試第八十名　會試第二百八十四名

李澄

貫直隸松江府上海縣軍籍　縣學增廣生

治春秋字希范行一年三十六九月初六日生

曾祖原芳　祖珙　父伯璵教諭　母陸氏　繼母倪氏

具慶下　弟清工部主事　潛　湛　濟　澤　瀾　深　娶陸氏

應天府鄉試第六十一名　會試第一百五十八名

盧茂

貫四川瀘州民籍　國子生

治書經字元實行一年二十五十二月二十七日生

曾祖忠　祖子良　父瑄　母楊氏

重慶下　弟盛　秀　娶陳氏

四川鄉試第四十八名　會試第一百二十五名

邵震

貫江西廣信府貴溪縣民籍　國子生

治禮記字瞻宸行七年三十二十月十四日生

曾祖謙光知縣　祖炌高　父韞銓　母許氏

嚴侍下　弟鼎　渙　復　晉　觀　傾　娶江氏

江西鄉試第一百二十四名　會試第一百名

金醞

貫河南開封府歸德州夏邑縣民籍　縣學生

治易經字大用行三年二十九八月初六日生

曾祖亮　祖熙　父禮教諭　母陳氏　繼母齊氏

具慶下　兄蔔　穀　弟基　梁　庭　娶朱氏

河南鄉試第三名　會試第二百二十七名

王預
貫河南南陽府汝州民籍　臣
治詩經字亦誠行二年三十五二月初六日生
曾祖本深　祖慶遠　父思齊　母郭氏　繼母楊
具慶下　兄規　弟琇　瑩　娶孫氏
河南鄉試第八十七名　會試第二百三十五名

黃篪
貫廣東廣州府南海縣民籍　國子生
治詩經字仲和行二年三十三閏七月初八日生
曾祖存道　祖誌　父綬　母彭氏　繼母楊氏　杜氏
具慶下　兄塤　弟琴　笙　鐘　娶趙氏　繼娶秦氏
廣東鄉試第四十八名　會試第二十四名

梁昉

貫廣東廣州府順德縣軍籍　府學增廣生

治易經字景熙行三年二十二五月二十三日生

曾祖兼善　祖康衢　父紋澗　母關氏

具慶下　兄明暐　弟曉　旰　聘黎氏

廣東鄉試第一名　會試第二十一名

吳道宏

貫四川敘州府宜賓縣竈籍　國子生

治詩經字文博行五年三十十二月二十八日生

曾祖海蟾　祖鑑　父鼎　嫡母熊氏　生母田氏

具慶下　兄常　中　興　亨　弟寧　原　娶陳氏

四川鄉試第五十一名　會試第一百四十八名

劉秩

貫江西吉安府安福縣軍籍　儒士

治春秋字厚本行一年二十八正月初二日生

曾祖仕節　祖貫良　父拱政　母王氏

重慶下　弟稒　稜　程　穉　娶周氏

江西鄉試第六十二名　會試第二百六十名

喩本中

貫四川眉州民籍　州學生

治詩經字體道行六年三十五二月十七日生

曾祖必盛　祖彥明　父容　前母余氏　母楊氏　繼母余氏趙氏

具慶下　兄建中　信中　守中　光中　存中　弟時中　娶袁氏

四川鄉試第三十一名　會試第二百六十六名

吳錫 貫浙江衢州府開化縣民籍 縣學生

治易經字天祐行一年三十一十二月十一日生

曾祖希亮 祖琰都司斷事 父廷俊 母方氏

重慶下 弟鍾 鍵 鑫 娶鄭氏

浙江鄉試第二十三名 會試第五十七名

陳渤 貫浙江紹興府餘姚縣竈籍 國子生

治禮記字巨源行三年三十二二月初二日生

曾祖思恭 祖善誠 父鵬 母姜氏

具慶下 兄漢 弟濟 娶嚴氏 繼娶蘇氏

浙江鄉試第四十九名 會試第二十八名

劉潺 貫河南彰德府湯陰縣軍籍 國子生

治詩經字宗瀾行二年三十十一月十四日生

曾祖澄 祖銓 父朗 母范氏

具慶下 兄漳 弟瀾 潤 娶李氏

河南鄉試第九十五名 會試第二百七十九名

王克復 貫福建福州府福清縣軍籍 國子生

治春秋字師仁行五年三十五八月二十三日生

曾祖貴 祖仲 父朋 母陳氏

永感下 兄敏 敭 徽 弟敳 娶高氏

福建鄉試第三十九名 會試第一百六十六名

范奎

貫湖廣長沙府湘陰縣軍籍 國子生

治禮記字景星行一年三十六三月二十五日生

曾祖福陸 祖壽明 父必道 母劉氏

具慶下 弟軫 翼 箕 娶易氏

湖廣鄉試第二十六名 會試第一百六十二名

文志貞

貫陝西臨洮府蘭縣民籍 縣學生

治書經字正夫行二年二十五八月十五日生

曾祖文昇 祖仲榮 父海 母王氏

具慶下 兄志剛 弟志昂 志林 娶劉氏

陝西鄉試第二十三名 會試第二百二十四名

霍鑑 貫直隸真定府晉州饒陽縣民籍 國子生

治書經字文照行三年三十五八月二十八日生

曾祖義 祖士安 父興 母王氏

具慶下 兄鋼 鎮 弟鎮 進 通 娶王氏

順天府鄉試第三十七名 會試第二百三名

劉必賢 貫直隸滁州民籍 國子生

治易經字天佑行六年四十二月初五日生

曾祖十秀 祖源 父泉 母張氏

慈侍下 兄成 聚 旺 興 福 弟真 娶李氏

順天府鄉試第五十四名 會試第二百二十二名

吳珵

貫浙江湖州府長興縣民籍　府學生

治禮記字汝璉行二年三十二正月初六日生

曾祖宗本　祖恩孚　父孝琰　母范氏

具慶下　兄瓊　弟瓘　娶曹氏

浙江鄉試第九十名　會試第七十三名

吉惠

貫直隸鎮江府丹徒縣民籍　國子生

治易經字澤民行一年二十四四月初三日生

曾祖子榮　祖彥名　父[illegible]琜　母陳氏　繼母葉氏黃氏

具慶下　弟恩　娶張氏

應天府鄉試第七十四名　會試第四十八名

莊澈　貫應天府江寧縣官籍　國子生

治書經字瑩中行三年二十六十月十六日生

曾祖震　祖公諒贈主事　父鑑戶部主事　母盛氏封安人

重慶下　兄瀟澂　弟洪溥濬漢淮淇　娶陸氏

應天府鄉試第三十一名　會試第一百六十名

劉俊　貫河南衛輝府新鄉縣民籍　國子生

治書經字朝用行三年三十三二月二十五日生

曾祖誠　祖通　父瞱湖廣都司斷事　母楊氏

慈侍下　兄琛瑛　娶王氏　繼娶項氏

河南鄉試第九十三名　會試第二百八十五名

朱檍 貫直隸徽州府婺源縣儒籍 文公九代孫 縣學生

治詩經字伯承行一年三十三六月二十二日生

曾祖域 祖鏡 父湛 母汪氏

具慶下 弟楙國子生 梁 貞 娶程氏

應天府鄉試第一百十五名 會試第二百四十五名

張鑑 貫湖廣永州衛軍籍 國子生

治禮記字景昭行四年三十一三月二十日生

曾祖伯和 祖貴諒 父啓 母唐氏 繼母李氏

具慶下 兄銶 鏞 鋐 弟鎰 鉦 娶劉氏

湖廣鄉試第三名 會試第四十六名

尹進　貫直隷揚州府江都縣軍籍　國子生

治書經字時敏行二年三十二月初九日生

曾祖濟民　祖汝欽　父仲良　母王氏

嚴侍下　兄善　弟剛　能　娶焦氏　繼娶王氏

順天府鄉試第六十四名　會試第八十五名

姜清　貫河南府陜州閿鄉縣軍籍　國子生

治春秋字子澄行二年三十五十二月初八日生

曾祖明遠　祖皎行部司務　父茂都察院檢校　母周氏

具慶下　兄源　弟河　湖　淮　濟　娶張氏

河南鄉試第九十名　會試第一百十四名

楊瓚　貫福建興化府莆田縣民籍　縣學生
治書經字宗器行二年三十六閏十二月十五日生
曾祖泰　祖志　父寀　母鄭氏
慈侍下　兄岳　弟瓊　娶吳氏
福建鄉試第五十八名　會試第二百六十二名

劉溥　貫山東濟南府武定州民籍　國子生
治易經字大濟行一年二十四八月初一日生
曾祖文理稅課局大使　祖昇　父祥州吏目　母韓氏
具慶下　弟琭　清　澄　娶甯氏　繼娶朱氏
山東鄉試第五十一名　會試第一百九十六名

王存禮 貫浙江金華府金華縣軍籍 國子生

治詩經字景節行四年三十八十二月初八日生

曾祖受益 祖仁善 父子昌 母黃氏

慈侍下 兄文華 文政 弟文偉 娶胡氏

浙江鄉試第二十名 會試第二百三十八名

胡謐 貫浙江紹興府會稽縣軍籍 國子生

治易經字廷慎行十年三十二五月初三日生

曾祖中 祖祥贈監察御史 父敫 母徐氏

具慶下 兄諒 謙 詠 譽 詮縣丞 弟諧 諲 詡 詔 娶章氏

浙江鄉試第一名 會試第六十六名

崔儀　貫河南開封府鄭州滎陽縣民籍　國子生

治禮記字文成行三年二十六五月初十日生

曾祖亢亨　祖志讓　父獻 知縣　母劉氏

具慶下　兄儼　倫　娶馬氏

河南鄉試第十九名　會試第五十五名

王冕　貫順天府薊州軍籍　國子生

治禮記字廷儀行一年三十二十二月十五日生

曾祖服義　祖誠 知縣　父觀　母趙氏

重慶下　弟旒　紘　娶汪氏

順天府鄉試第一百六十七名　會試第一百四十五名

文宜

貫湖廣長沙府攸縣民籍　國子生

治書經字時中行三年二十七十月初五日生

曾祖繼宗　祖均壽　父麟 教諭　母劉氏

具慶下　兄章 宣　弟庸 永 實　娶蕭氏

湖廣鄉試第九十六名　會試第一百五十名

毛弘

貫浙江寧波府鄞縣民籍　國子生

治詩經字士廣行四年二十九三月十七日生

曾祖有倫　祖用　父瑛　母陳氏

具慶下　兄翰 翊　弟習　娶衛氏

浙江鄉試第二十一名　會試第二百六十八名

杜鈜

貫湖廣武昌府江夏縣民籍　國子生

治易經字闇遠行一年二十九七月十二日生

曾祖致忠　祖思賢　父俊　母蔣氏

具慶下　弟欽　娶曹氏

湖廣鄉試第一百二十名　會試第九十八名

王道

貫直隸保定府蠡縣軍籍　國子生

治詩經字世用行二年二十九十月二十五日生

曾祖大　祖得成　父著府知事　前母李氏　母程氏

慈侍下　兄良　弟宗　述　娶朱氏

順天府鄉試第九十六名　會試第二百九十四名

黎遜 貫貴州宣慰司民籍 國子生

治春秋字希讓行二年二十八閏十二月二十一日生

曾祖正立 祖文貴 父彬 母李氏 繼母王氏

具慶下 兄通巡檢 弟過 邁 迪 娶王氏

雲南鄉試第十六名 會試第五十九名

孫芳 貫順天府大興縣民籍 國子生

治春秋字庭桂行三年三十三二月十五日生

曾祖文振 祖致恭 父仰衢 前母韓氏 母李氏

慈侍下 兄仕剛 仕顯 弟蘭 蕙 娶張氏

順天府鄉試第八十一名 會試第二百六十九名

秦民悅

貫直隸廬州府舒城縣軍籍　縣學增廣生

治詩經字崇化行一年二十四十一月十七日生

曾祖璧 縣丞　祖鳳 進士刑部郎中　父文綬　母陳氏

具慶下　弟民怡　娶鮑氏

應天府鄉試第六十六名　會試第二百五十五名

林棨

貫福建興化府莆田縣民籍　國子生

治書經字從信行六年四十六二月十三日生

曾祖宗大　祖震　父庭清　母方氏

永感下　兄敦　徵　弟敬　敔　敫 癸酉貢士　娶張氏

福建鄉試第三十四名　會試第九十七名

徐貫

貫浙江嚴州府淳安縣民籍　國子生

治春秋字原一行三年二十五二月二十五日生

曾祖參仲　祖宗顯　父霈　母錢氏

具慶下　兄萬英　恒　娶方氏

浙江鄉試第十四名　會試第一百四十名

胡璉

貫直隸大名府元城縣民籍　國子生

治詩經字重器行一年三十七九月初七日生

曾祖青甫　祖溫　父俊　母魏氏

慈侍下　弟瑄　瑛　珙　現　祥　璘　娶楊氏

順天府鄉試第五十六名　會試第二百九十八名

張本濟
貫湖廣荊州府潛江縣民籍 國子生
治書經字汝揖行二年二十七十月二十九日生
曾祖萬勝 祖友仍 父頭 母宋氏
具慶下 兄本淵 弟本潮 本準 本濬 本潭 娶陳氏
湖廣鄉試第九十九名 會試第二百四十六名

喬鳳
貫山西太原府平定州樂平縣軍籍 縣學增廣生
治書經字時儀行三年十九八月二十七日生
曾祖彬魯 祖鑑贈右給事中 父毅刑科都給事中 母王氏
重慶下 兄嵩丙子貢士 鸞 娶路氏
山西鄉試第七名 會試第一百八十七名

鄭勤 貫義勇中衛軍籍 國子生

治詩經字必成行一年三十二十月二十五日生

曾祖能知 祖爲政 父仕勉 母伏氏

具慶下 弟謹 娶衛氏

順天府鄉試第十六名 會試第一百六十壬名

梁明 貫山西平陽府臨汾縣軍籍 國子生

治易經字廷光行一年二十九正月十四日生

曾祖士原 祖術德 父俊致仕 母鄧氏 繼母郭氏

具慶下 弟春 昱 旭 娶禹氏

山西鄉試第五十九名 會試第二百七十三名

蔡麟

貫陝西都司綏德衛官籍　國子生

治易經字文瑞行二年二十七三月二十七日生

曾祖濟新 贈指揮同知　祖榮 指揮同知　父信 指揮同知　母孫氏 [illegible]人

重慶下　兄祥　弟興　璟　璋　娶安氏

陝西鄉試第六十二名　會試第四十名

趙傑

貫四川重慶府合州民籍　州學生

治詩經字冠英行五年三十六正月初九日生

曾祖德才　祖嗣玄　父璉　母夏氏

慈侍下　兄友朋　友愛　友彥　友良　娶薛氏

四川鄉試第三十七名　會試第一百二十三名

許聰 貫陝西西安府咸寧縣匠籍 國子生

治書經字聽德行二年三十一十一月十三日生

曾祖允巖 祖恭 父福 母馬氏

慈侍下 兄忠 娶王氏

陝西鄉試第二十九名 會試第一百二十八名

王佐 貫直隸永平府盧龍縣民籍 國子生

治詩經字廷輔行二年三十四四月二十三日生

曾祖克善 祖希仁 父敬知事 母張氏

嚴侍下 兄榮 弟剛 森 傑 佑 信 娶張氏

順天府鄉試第三十三名 會試第一百五十九名

于懋 貫山東登州府萊陽縣民籍 國子生

治書經字子勉行四年二十五十一月十一日生

曾祖浩彥 祖禮全 父景昌 母荊氏 繼母王氏

具慶下 兄祥 積 寧 娶張氏

山東鄉試第六十九名 會試第四十七名

周正 貫遼東都司寧遠衛軍籍 國子生

治書經字子建行二年二十七五月十七日生

曾祖尚文 祖恭先 父能祖 前母黃氏 母應氏

慈侍下 兄斌 娶董氏

山東鄉試第五十九名 會試第五十四名

邢表 貫順天府霸州文安縣民籍 國子生

治禮記字居正行二年二十八正月二十七日生

曾祖士能 祖寬 父玉 母付氏

具慶下 兄真 弟禮 森 智 娶王氏

順天府鄉試第十名 會試第二百五名

劉璋 貫福建延平府南平縣民籍 國子生

治書經字廷信行二年二十九六月二十二日生

曾祖旺 祖彥高 父通 母翁氏

永感下 兄旭 娶萬氏

福建鄉試第二十三名 會試第十八名

方朝宗 貫福建興化府莆田縣民籍 府學增廣生

治書經字朝宗行一年三十三十月初三日生

曾祖大亨 祖孟章 父鑾 母鄭氏

具慶下 弟朝源 朝廣 朝清 舜德 娶宋氏

福建鄉試第七六名 會試第二百二十九名

梁材 貫山東兖州府滕縣軍籍 國子生

治書經字大用行一年四十一七月二十九日生

曾祖道昭 祖子恭 父讓 母高氏 繼母沈氏

永感下 弟棟 娶唐氏 繼娶趙氏

山東鄉試第七十三名 會試第二百四十名

方嵩　貫江西建昌府南城縣軍籍　縣學增廣生
治詩經字景高行一年二十六七月初六日生
曾祖定　祖關奴　父文印　母丘氏
具慶下　娶上官氏
江西鄉試第一百三名　會試第二十名

宋賓　貫山西潞州民籍　國子生
治易經字彥卿行三年三十四五月十一日生
曾祖可道　祖達　父良織染局副使　母林氏
永感下　兄通　泰　娶李氏
山西鄉試第六十八名　會試第二百五十四名

張祚 貫浙江杭州府錢塘縣匠籍 縣學生

治易經字宗儼行三年三十七十一月二十二日生

曾祖甫榮 祖士傑 父汝揖 母陸氏

具慶下 兄禎 裕 弟祥 娶沈氏

浙江鄉試第七十九名 會試第一百七十九名

王淵 貫浙江紹興府山陰縣民籍 國子生

治書經字志默行二年三十九二月初十日生

曾祖用中 祖孟寧 父綸 母錢氏

慈侍下 弟濬 滋 潤 娶謝氏

應天府鄉試第一百四十九名 會試第六十五名

李綱 貫山東濟南府長清縣軍籍 國子生
治詩經字廷振行二年三十三十一月二十三日生
曾祖巘 祖德源 父琮州判 母房氏
具慶下 兄紹 弟綋 娶張氏
山東鄉試第七名 會試第二百二十三名

湯琛 貫直隸蘇州府常熟縣軍籍 縣學生
治詩經字魯寶行一年三十三七月二十六日生
曾祖福六 祖宗義 父師德 母宗氏 繼母錢氏
具慶下 弟璵 瑒 娶姜氏
應天府鄉試第一名 會試第四十二名

馬馴　貫順天府永清縣民籍　國子生
治詩經字子良行三年三十八十二月十五日生
曾祖伯榮　祖彥舉　父士熙　前母司氏　母杜氏
慈侍下　兄興　俊　弟驥　駙　娶楊氏
順天府鄉試第一百二十七名　會試第三十一名

韓祺　貫浙江紹興府蕭山縣民籍　國子生
治書經字汝徵行二年三十七九月初十日生
曾祖彬　祖在　父彥毓　母包氏
慈侍下　兄禮　弟禔　禋　禴　娶吳氏
浙江鄉試第一名　會試第一百二十九名

顧正

貫順天府大興縣匠籍 國子生
治詩經字孟端行二年二十五六月初二日生
曾祖貴一 祖榮宗 父道明 母薛氏
具慶下 兄中 弟成 聘宋氏
順天府鄉試第五十二名 會試第二百七名

韓文

貫直隸保定府新城縣軍籍 國子生
治書經字貫道行一年二十八二月二十八日生
曾祖壽 祖琮 父通 母李氏
具慶下 娶王氏
順天府鄉試第二百七名 會試第一百四十七名

黃觀

貫福建泉州府同安縣軍籍 國子生

治詩經字國賓行三年二十五六月二十六日生

曾祖德謙 祖原達 父仙保 嫡母劉氏 生母陳氏

慈侍下 兄霖祖 昌榮 娶林氏

福建鄉試第一百二名 會試第二十七名

李祥

貫直隸松江府華亭縣醫籍 國子生

治詩經字廷瑞行一年四十正月初十日生

曾祖彥亨 祖恩恭 醫學正科 父敬 教諭 母周氏 慈母陳氏

慈侍下 弟祺 福 娶王氏

應天府鄉試第六十一名 會試第二百五十七名

朱寬　貫福建興化府莆田縣軍籍　國子生

治詩經字宏裕行一年三十一七月十三日生

曾祖秉彛　祖本初　父韓仲　母陳氏

具慶下　弟宸　寓　寵　騫　娶林氏

福建鄉試第九十二名　會試第九十二名

王翰　貫湖廣都司蘄州衛官籍　國子生

治禮記字廷舉行二年三十十一月初一日生

曾祖忠百戶　祖毅百戶　父恭　母程氏

具慶下　兄翊　弟翱　翔　娶張氏

湖廣鄉試第三十二名　會試第一百九十七名

霍貴

貫直隸真定衛軍籍　國子生

治禮記字廷重行二年三十二八月二十七日生

曾祖思忠　祖通甫　父鍾　生母張氏　繼母楊氏

具慶下　兄凱　娶王氏

順天府鄉試第二百五名　會試第八十二名

常寧

貫河南開封府許州襄城縣軍籍　國子生

治禮記字文靜行二年四十三六月十二日生

曾祖待福　祖瑞興　父仲義　母余氏

具慶下　兄文亨　娶耿氏

河南鄉試第七十六名　會試第二百八十八名

車振 貫江西撫州府金谿縣軍籍 國子生
治書經字弘道行一年三十八十月二十四日生
曾祖集義 祖萬琛 父用寬 母吳氏
永感下 弟達道 守道 志道 原道 娶趙氏
江西鄉試第十一名 會試第七十二名

吳忱 貫直隸松江府華亭縣民籍 府學生
治詩經字永誠行三年三十一六月十九日生
曾祖伯齡 祖衡 陝西參政 父宗徽 母王氏
具慶下 兄恂 愉 娶周氏
應天府鄉試第九名 會試第八十八名

淩文

貫應天府上元縣匠籍　國子生

治易經字從周行三年三十二六月二十九日生

曾祖壽華　祖琳　父子才　母談氏

具慶下　兄忠　質　娶趙氏　繼娶李氏

應天府鄉試第一百十名　會試第三十名

徐源

貫錦衣衛鎮撫司軍籍　國子生

治春秋字本清行一年二十六九月十一日生

曾祖海　祖亮　父欽　母盧氏

重慶下　弟溥　淮　濟　娶吳氏

順天府鄉試第四名　會試第二十三名

盧信　貫直隸廣平府永年縣民籍　府學增廣生

治書經字廷瑞行四年三十正月十七日生

曾祖得　祖守謙　父耀知府　嫡母殷氏　母高氏　繼母王氏

慈侍下　兄文　行　忠舉人　弟儁　娶王氏

順天府鄉試第四十三名　會試第一百八十八名

薛璘　貫山西平陽府蒲州河津縣軍匠籍　國子生

治書經字羲玉行一年二十八五月初五日生

曾祖端　祖珣　父聰　母趙氏

慈侍下　弟壽　琄　琰　瓚　娶陳氏

山西鄉試第六十六名　會試第一百二十三名

顧以山 貫直隸蘇州府常熟縣民籍 國子生
治詩經字安道行一年四十一十月十一日生
曾祖振宗 祖曉 父忠 母包氏 繼母王氏
嚴侍下 弟以獄 娶曾氏
順天府鄉試第六名 會試第五十二名

魏元 貫山東東昌府濮州朝城縣民籍 國子生
治禮記字景善行一年三十四十二月十九日生
曾祖夔 祖成 父仁 前母武氏 母趙氏
慈侍下 弟亨 娶趙氏
山東鄉試第十八名 會試第一百十八名

張洽 貫福建興化府莆田縣鹽籍 縣學生

治書經字時縉行三年三十七六月二十五日生

曾祖仲福 祖彥爾 父惟益 母陳氏

重慶下 兄陽 望 弟積 善 慶 娶鄭氏

福建鄉試第六十三名 會試第一百六十四名

謝敬 貫直隸德州衛軍籍 國子生

治詩經字克恭行一年三十三五月二十六日生

曾祖中成 祖福得 父子信 母劉氏

具慶下 娶馬氏

順天府鄉試第三十九名 會試第一百七十六名

潘珪 貫江西廣信府永豐縣民籍 國子生

治書經字公瑞行五年二十七十月二十七日生

曾祖文質 祖永年 父泰 母張氏

重慶下 兄琦 弟璵 璠 娶鄭氏

江西鄉試第一百十一名 會試第二百十三名

張綱 貫廣東潮州府程鄉縣民籍 國子生

治易經字秉常行四年三十六月初九日生

曾祖仁 祖實縣丞 父文寶進士 母丘氏

慈侍下 兄經 綸 紀 弟維 綬 娶蕭氏

廣東鄉試第五十名 會試第一百三十五名

宋德 貫山東兗州府濟寧州嘉祥縣民籍 國子生

治書經字大本行一年三十二六月初九日生

曾祖舉義 壽 祖甫成 父希賢 母徐氏

重慶下 兄溫 弟恭 儉 惠 泰 娶秦氏

山東鄉試第二十一名 會試第二百七十六名

吳澮 貫廣東廣州府增城縣民籍 國子生

治書經字原深行四年二十八三月初三日生

曾祖德可 祖性常 知事 父勤 母郭氏

具慶下 兄沅 澧 漢 娶曾氏

廣東鄉試第一百十六名 會試第一百三十一名

常嵩 貫廣西慶遠府宜山縣民籍 國子生
治書經字宗嶽行二年三十八十二月二十三日生
曾祖子盛 祖隆德知縣 父誠教諭 母蔡氏
永感下 兄冕 弟泗 袞 娶倪氏
廣西鄉試第一名 會試第四十名

吳寧 貫浙江金華府永康縣民籍 國子生
治春秋字子靖行三年三十八三月十二日生
曾祖存禮 祖必文 父仲榮 母池氏
具慶下 兄欒 弟海 潮 多 魁 娶葉氏
浙江鄉試第七十九名 會試第二百三十二名

林迪 貫福建福州府閩縣民籍 國子生

治易經字允吉行九年三十一正月二十日生

曾祖宗 祖芝 父琰 嫡母周氏 母鄭氏

慈侍下 兄洪 滔 灘 娶曾氏 繼娶趙氏

福建鄉試第三名 會試第二百十三名

左賢 貫順天府宛平縣富戶籍 府學生

治春秋字時彥行三年三十八十二月十七日生

曾祖彬卿（元學正） 祖謙（贈廣東右參議） 父德順 母曾氏

慈侍下 兄贇 贄 弟贊 娶雷氏

順天府鄉試第一百三十二名 會試第一百九十二名

張翊

貫山西太原府忻州定襄縣軍籍　縣學生

治書經字鵬舉行二年二十五七月十八日生

曾祖均美　祖謙武成縣知縣　父驥訓術　母趙氏

具慶下　兄翀　弟珝　翽　娶石氏

山西鄉試第三十六名　會試第一百十一名

鍾震

貫直隸松江府華亭縣軍籍　國子生

治禮記字大聲行一年三十一十一月十六日生

曾祖彥清　祖遠　父音　母閻氏

重慶下　弟鼎　娶秦氏

雲南鄉試第三十五名　會試第九十一名

張祥 貫錦衣衛籍 軍籍
治春秋字維和行四年三十七十二月初六日生
曾祖勝 祖敏 父俊 母馮氏
具慶下 兄福 祐 禎 弟禧 禮 娶錢氏
順天府鄉試第七名 會試第二百四十一名

丁璐 貫江西南昌府豐城縣軍籍 國子生
治禮記字元美行十年三十七五月二十五日生
曾祖伯善 祖維辰 父秉操 母趙氏
永感下 兄珎 琪 璘 璾 璞 璉 瑜 璲 弟珩 瑄 珊 瓚 娶甘氏
江西鄉試第一百四十九名 會試第一百八十名

左明善 貫四川叙州府富順縣民籍 縣學生

治書經字思誠行二年三十三三月初一日生

曾祖庭芳 祖文斌 父常 母徐氏

具慶下 兄明經 弟明堂明性明睿明啓明理 娶程氏

四川鄉試第四十名 會試第一百七十七名

程萬里 貫湖廣岳州府華容縣軍籍 國子生

治書經字道遠行五年三十二八月二十八日生

曾祖安泰元判 祖克讓 父敏 母陳氏

具慶下 兄萬紀萬邦萬方萬本 弟萬山鈐萬森 娶王氏 繼娶張氏

湖廣鄉試第三十名 會試第二百五十三名

黃縉 貫直隸保定府安州民籍 國子生
治書經字世用行二年三十八九月二十六日生
曾祖則善 祖囂安 父仲恭 母武氏
慈侍下 兄綱 弟緩 娶呂氏
順天府鄉試第一百九十八名 會試第六十九名

徐貫 貫四川順慶府廣安州渠縣軍籍 縣學生
治詩經字從道行一年三十六十一月二十一日生
曾祖秀卿 祖必隆 父谷祐 母李氏 繼母劉氏
具慶下 弟從周 秉誠 秉謙 娶周氏
四川鄉試第六十五名 會試第二百十四名

陳鉞 貫直隸河間府獻縣 國子生

治書經字廷威行一年二十九十一月十四日生

曾祖福 祖興祖 父玘 母張氏

重慶下 弟鎰 娶劉氏

順天府鄉試第二百二十五名 會試第二百五十一名

邢正 貫廣西慶遠衛籍 國子生

治書經字直夫行二年三十十一月二十日生

曾祖富 祖貴 父仲英 母李氏 繼母蘇氏

具慶下 兄端 弟中 紀 娶劉氏

廣西鄉試第二十七名 會試第一百五十七名

周同伯 貫江西吉安府吉水縣民籍 國子生

治書經字敬同行廿二年三十五月二十五日生

曾祖子賓(贈員外郎) 祖岐鳳(員外郎) 父叔(侍講學士) 母蕭氏([illegible])

慈侍下 兄蒙(國子學正) 弟武 恒 艮 娶劉氏

江西鄉試第五十四名 會試第五十一名

紀達 貫河南河南府洛陽縣民籍 國子生

治易經字文達行一年二十九五月二十三日生

曾祖德成 祖治本 父安 母沈氏 繼母張氏

重慶下 娶孫氏

河南鄉試第四十二名 會試第一百六十三名

吳淵　貫直隸常州府武進縣民籍　國子生

治書經字本深行二年三十二八月初七日生

曾祖成伍　祖彥忠山　父昌知州同　前母蔣氏　母彭氏

具慶下　兄澄　弟浩　濱　溢　娶張氏

應天府鄉試第七十五名　會試第二百八名

徐英　貫四川潼川州中江縣民籍　國子生

治易經字時傑行二年三十二八月二十六日生

曾祖以達　祖子仁　父凱陰陽訓術　母雷氏

具慶下　兄剛　弟貫　娶黃氏

四川鄉試第三十八名　會試第二百八十三名

李炯然 貫山東青州府蒙陰縣民籍 縣學增廣生

治春秋字漢章行二年三十七月十七日生

曾祖華 祖昇 監察御史 父棨 奉議 前母杜氏 封孺人 母徐氏 [illegible]

具慶下 兄煥然 弟燦然 娶郭氏

山東鄉試第十九名 會試第二百九十六名

上志 貫陝西西安府同州朝邑縣民籍 國子生

治易經字宗道行三年二十六四月十一日生

曾祖思敬 祖伍 父禎 州判官 嫡母劉氏 生母謝氏

具慶下 兄禮 智 弟惠 隆 雄 娶孟氏

陝西鄉試第七名 會試第八十九名

裴慧 貫陝西西安府華州渭南縣民籍 國子生
治詩經字悟理行三年三十一四月初三日生
曾祖復禮 祖守信 父政 母安氏
具慶下 兄聰 智 斈丁卯貢士 娶王氏
陝西鄉試第四十二名 會試第一百八十二名

晏文顯 貫四川瀘州民籍 國子生
治書經字宗道行二年二十八二月十九日生
曾祖思敬 祖如英 父能 前母李氏 母胡氏 繼母朱氏
慈侍下 兄文輝 弟文明 文章 文祿 文盛 文昌 文茂 文芳 娶任氏
四川鄉試第七名 會試第二百四十三名

何禮 貫浙江嚴州府淳安縣民籍 國子生
治春秋字文敬行二年三十六七月十三日生
曾祖道敏 祖德文 父廷烈 母方氏
具慶下 兄廣 弟信 賜 損 娶宋氏
浙江鄉試第三十一名 會試第二百五十名

方中 貫浙江嚴州府淳安縣民籍 國子生
治春秋字大本行一年二十四七月初二日生
曾祖宗武 祖原仁 父文傑 母胡氏
具慶下 弟和 正 聘何氏
浙江鄉試第五十三名 會試第十四名

馬體乾　貫江西吉安府永新縣民籍　儒士
治易經字自強行六年三十六七月初一日生
曾祖啓初　祖誠安　父汝恩　母尹氏
具慶下　兄體慈　體容　體紀縣學　弟體定　體欽　體固　體足　娶潘氏
江西鄉試第十名　會試第一百六十八名

盧雍　貫應天府江寧縣民籍　國子生
治書經字建佐行一年三十六十二月二十八日生
曾祖鎰知縣　祖文義　父茂林　母張氏
具慶下　弟熙　燊　和　鯀　娶顧氏
應天府鄉試第一百八十名　會試第八十三名

趙文萃 貫山西太原府平定州匠籍 國子生

治禮記字儒夫行四年四十三月二十九日生

曾祖叔讓 祖翀 父馴 序班 母宋氏 繼母李氏

慈侍下 兄文英 文華 文崇 弟文芳 娶朱氏

山西鄉試第四十二名 會試第一百八十八名

陳驥 貫廣東廣州府南海縣民籍 縣學增廣生

治易經字夢梓行一年三十二十月十二日生

曾祖惟善 祖志全 父禮 訓導 母顏氏

永感下 弟驎 騄 駿 [illegible] 驊 娶彭氏 繼娶蔣氏

廣東鄉試第七十九名 會試第七十五名

陶鎔　貫武功中衛軍籍　國子生
治春秋字汝器行二年二十八五月初八日生
曾祖貴　祖進宗　父仁　母徐氏
具慶下　兄清　弟淮　澄　淋　娶曹氏
順天府鄉試第二百四十二名　會試第九十五名

趙通　貫河南汝寧府汝陽縣民籍　國子生
治禮記字惟亨行一年三十四九月二十二日生
曾祖好德吏部尚書　祖毅工部左侍郎　父寬監察御史　母尹氏
慈侍下　娶楊氏
河南鄉試第九十二名　會試第一百三十七名

張倫

貫直隸大名府大名縣官籍　國子生

治詩經字子彝行三年二十七十一月十五日生

曾祖瀚　祖原政贈光祿寺丞　父如宗四川參議　母殷氏贈安人　繼母焉氏封

具慶下　兄忠　信　娶步氏

順天府鄉試第一百五十四名　會試第四十五名

曹奇

貫四川成都府崇慶州民籍　州學生

治易經字仕奇行四年三十三月二十六日生

曾祖妙傳　祖文德　父仲原　母劉氏

具慶下　兄惠中指揮衛正衛　瑀中　璽中　弟斐中　娶劉氏

四川鄉試第四十一名　會試第一百二名

賴正 貫錦衣衛鎮撫司軍匠籍 國子生
治春秋字文正行二年二十六三月初十日生
曾祖宗德 祖福羔 父以信 母李氏
具慶下 兄文祥 未娶
順天府鄉試第二十九名 會試第二百二十一名

韓恭 貫浙江紹興府餘姚縣民籍 國子生
治禮記字克讓行一年二十七二月初五日生
曾祖自然 祖壽生 父文貴 母汪氏
重慶下 兄恂 布政司照磨 弟悅 夔 荆 娶俞氏
浙江鄉試第八十七名 會試第六十四名

崔涓 貫廣東高州府茂名縣民籍 國子生
治易經字文淵行三年三十八四月二十三日生
曾祖瑜玉 祖則明 父光瑶 母王氏
慈侍下 兄泰然 本然 弟永然 娶周氏
廣東鄉試第九十一名 會試第一百十三名

簡嘉誥 貫四川嘉定州蒲江縣民籍 國子生
治詩經字承命行一年二十八九月二十一日生
曾祖谷政 祖勝鐸 父安教諭 母姚氏
具慶下 弟嘉謨 嘉猷 嘉禮 娶郭氏
四川鄉試第二十七名 會試第一百六十九名

夏環 貫江西南昌府豐城縣匠籍 儒士

治禮記字曰謙行二年二十二四月十一日生

曾祖添祥贈刑部主事 祖希信 父子義 母彭氏

重慶下 兄昌 弟琬 琥 珂 娶范氏

江西鄉試第二十八名 會試第十名

吳真 貫直隸徽州府歙縣民籍 國子生

治禮記字秉誠行二年三十六閏十二月十三日生

曾祖伯善 祖積賢 父茂林 母詹氏

嚴侍下 弟秉仁 秉禮 娶汪氏

應天府鄉試第二十七名 會試第二百五十六名

羅脩 貫江西吉安府安福縣軍籍 國子生
治易經字脩爵行二年四十三二月十三日生
曾祖均本 祖文斌 父德 母戴氏
永感下 兄郁 娶歐陽氏 繼娶彭氏
山東鄉試第二十名 會試第三百名

熊懷 貫江西南昌府豐城縣軍籍 縣學增廣生
治禮記字性安行二年二十七九月三十日生
曾祖仁壽 祖南綱 父士端 母周氏
具慶下 兄恂 弟忱 福 恒 瓊 禄 娶范氏
江西鄉試第五十八名 會試第二百三十七名

李端 貫湖廣郴州興寧縣民籍 國子生
治禮記字宗正行二年三十六九月二十三日生
曾祖德祥 祖歐衡 父師聰 母何氏
慈侍下 兄仕傑 弟能宣 娶黃氏
湖廣鄉試第七十三名 會試第一百五十四名

程霓 貫廣東肇慶府高要縣軍籍 國子生
治春秋字民望行二年二十七正月二十七日生
曾祖仕亨 祖存達 父度 母黎氏
具慶下 未娶
廣東鄉試第八十九名 會試第八十六名

胡睿 貫直隸大名府開州民籍 縣學生
治詩經字好閒行三年三十一正月二十四日生
曾祖林 祖清 父震教諭 嫡母高氏 生母楚氏
慈侍下 兄聰 敏教諭 娶張氏
順天府鄉試第三十八名 會試第二百四十九名

羅廣 貫河南光州固始縣民籍 國子生
治春秋字大用行五年三十六三月初八日生
曾祖賓四 祖文六 父興禮 前母汪氏 母駱氏
慈侍下 兄綱 忠 奉 紀 娶王氏
河南鄉試第三十六名 會試第一百三十二名

陳亨

貫福建興化府莆田縣軍籍　縣學增廣生

治詩經字惟嘉行一年三十二月二十八日生

曾祖仲敬　祖以德　父宏章　母黃氏

慈侍下　弟利　貞　娶丘氏

福建鄉試第五十九名　會試第二百四名

李森

貫山東濟南府歷城縣民籍　國子生

治詩經字時茂行二年三十九月初五日生

曾祖彥謙　祖好德　父崇宣課司副使　母趙氏

具慶下　兄進　娶張氏

山東鄉試第三十一名　會試第一百七名

王瓚

貫河南河南府陝州軍籍　國子生

治詩經字廷器行三年二十八五月二十六日生

曾祖天祐　祖文奎　父世耶教授　母趙氏

具慶下　兄璽 琮　弟璟 瑀　娶杜氏

河南鄉試第二名　會試第八十五名

周琳

貫四川重慶府忠州民籍　國子生

治書經字廷貴行三年三十十一月二十二日生

曾祖希茂　祖惠先　父文昱　母李氏

嚴侍下　兄璇 璣　弟瑞 瑀 瑛 瓖　娶施氏

四川鄉試第六十四名　會試第一百七十名

曾瑄 貫雲南臨安衛軍籍 臨安府學生

治易經字廷獻行四年三十九十月初五日生

曾祖恭 祖安壽 父斌 母林氏

永感下 兄政 璟 玘 娶查氏

雲南鄉試第八名 會試第二百三十三名

吳琮 貫直隸保定府高陽縣軍籍 國子生

治易經字廷璋行一年二十三正月十七日生

曾祖道剛贈按府經歷 祖學知府 父忠 母路氏

重慶下 弟琇 娶陳氏

順天府鄉試第一百六十六名 會試第一百十九名

張戭 貫廣東廣州府南海縣民籍 國子生

治詩經字器之行二年三十六二月十二日生

曾祖康德 祖明善 父觀純 母蘇氏

慈侍下 兄縩 娶高氏

廣東鄉試第十七名 會試第一百二十九名

熊瑞 貫四川眉州醫籍 州學生

治詩經字廷珪行四年二十二二月十四日生

曾祖如泰醫學典科 祖燦 父添祥 母盧氏

具慶下 兄威 魁 昂 弟侯 聘程氏

四川鄉試第十八名 會試第二百七十七名

陳爵 貫福建漳州府南靖縣軍籍 縣學生

治易經字良貴行一年二十七四月二十六日生

曾祖純仁 祖鍈訓導 父爾 母鄭氏

具慶下 弟袢 信 琛 瑚 佐 繞 娶許氏

福建鄉試第六十二名 會試第一百七十四名

崔珣 貫山東東昌府堂邑縣民籍 國子生

治易經字伯玉行二年二十八十二月二十六日生

曾祖具瞻 祖郁 父穀[illegible] 母解氏

具慶下 兄環 娶高氏

山東鄉試第十五名 會試第十七名

吳繹思 貫福建興化府莆田縣軍籍 縣學增廣生

治詩經字繹思行三年三十正月二十二日生

曾祖惟大 祖貴五 父孟明 母陳氏

慈侍下 兄致 政 弟敎 牧 娶林氏

福建鄉試第二名 會試第十三名

吳謙 貫浙江杭州府仁和縣匠籍 順天府學增廣生

治詩經字溢之行一年二十二二月初二日生

曾祖士能 祖源吉 父景忠 母程氏

具慶下 弟魯 娶衡氏

順天府鄉試第四十二名 會試第一百四十四名

張賓 貫山東濟南府德州民籍 國子生

治書經字利用行三年三十一十二月二十九日生

曾祖昱 祖仲淵 教諭 父禹華 母李氏

具慶下 兄寬 宗 弟宇 娶靳氏

山東鄉試第四十三名 會試第二百六十七名

王壽藝 貫四川成都府内江縣軍籍 國子生

治書經字性之行一年三十五七月十四日生

曾祖道隆 祖從義 父暹 母黄氏

具慶下 娶社氏

四川鄉試第一名 會試第二百九十二名

潘琴

貫浙江處州府景寧縣軍籍　國子生

治詩經字舜技行二年三十四六月二十八日生

曾祖子山　祖銒　父丸名　母王氏

具慶下　兄舜從　弟楨　娶陳氏

浙江鄉試第七名　會試第二百六十一名

劉誠

貫直隸廣平府雞澤縣民籍　縣學生

治易經字敬之行三年二十五八月二十八日生

曾祖春　祖辛　父芳訓導　母秦氏

慈侍下　兄諧　誼　弟詳　聘王氏

順天府鄉試第十二名　會試第二百三十九名

易居仁　貫江西吉安府泰和縣民籍　縣學增廣生
治書經字民表行一年二十五六月初二日生
曾祖仲信　祖自立　父雨霖　母蕭氏
具慶下　弟居知　居安　居中　居彝　居之　娶曾氏
江西鄉試第一名　會試第八十七名

程廣　貫直隸徽州府婺源縣民籍　縣學生
治書經字克勤行三年三十三十二月初四日生
曾祖積慶　祖繼善　父望安　母孫氏
慈侍下　兄士從　士華　娶汪氏
應天府鄉試第十一名　會試第一百九十一名

吳遜　貫四川嘉定州夾江縣軍籍　國子生

治禮記字守謙行一年三十六正月初九日生

曾祖榮卿　祖興　父從顯　母李氏

具慶下　弟章　讓　節　准　娶張氏

四川鄉試第六十二名　會試第二百八十二名

沈珤　貫直隸淮安府山陽縣官籍　國子生

治詩經字廷實行四年三十四月初四日生

曾祖思仁贈尚書　祖仲和贈尚書　父鼎南京戶部尚書　母張氏封夫人

具慶下　兄琰　瓚　瓛　娶于氏

應天府鄉試第八十八名　會試第一百七十八名

郭良

貫山東東昌府館陶縣軍籍　國子生

治詩經字克忠行一年三十三二月初二日生

曾祖彥才　祖鵬飛　父惟貞　母侯氏

慈侍下　弟儉　讓　娶任氏

山東鄉試第十七名　會試第一百一名

董振

貫直隸大名府元城縣官籍　國子生

治禮記字廷顯行一年三十二四月十二日生

曾祖聚　祖昇許州知州　父綱　母田氏

具慶下　弟摠　娶裴氏

順天府鄉試第一百二十三名　會試第一百七十一名

陳珎

貫廣東廣州府南海縣軍籍 府學增廣生

治易經字世重行四年二十五十一月二十八日生

曾祖觀保 祖盛子成 父良廣 母劉氏

慈侍下 兄金 靖 閏 弟瑮 娶李氏

廣東鄉試第十二名 會試第一百二十四名

周峻

貫河南河南府洛陽縣民籍 府學生

治書經字維高行四年三十三正月二十六日生

曾祖舜卿元樞密院判 祖景安 父寅教諭 前母馬氏 母張氏

永感下 兄垣 墉 塏 弟堉 娶陳氏

河南鄉試第五十四名 會試第一百七十三名

李貫

貫四川重慶府合州民籍　州學生

治禮記字尚忠行一年三十四正月二十三日生

曾祖宗貴　祖幹 理問　父安　母楊氏

具慶下　弟瑆　環　娶宋氏

四川鄉試第五十三名　會試第二百六十五名

高橙

貫福建興化府莆田縣民籍　府學增廣生

治書經字彥村行二年二十五九月十四日生

曾祖鵬 縣丞　祖獻 知縣　父浦　嫡母張氏　生母俞氏

慈侍下　兄榮　弟寬　宏瑤　娶林氏

福建鄉試第七十二名　會試第二百七十四名

田瑄 北直雲南前衛官籍　　國子生

治春秋字德潤行三年二十五八月二十四日生

曾祖寬百戶　祖耕千戶贈指揮僉事　父凱指揮僉事　母張氏封人

具慶下　兄瑛丙子貢士　玘　弟珉　娶朱氏

雲南鄉試第五十一名　會試第一百五名

嚴萱 貫直隸常州府江陰縣民籍　　國子生

治書經字廷暉行一年三十七月二十四日生

曾祖良圭　祖本　父完　母徐氏　繼母陳氏

重慶下　弟寀　謹　選　娶汪氏

應天府鄉試第一百四十名　會試第三十三名

周轍

貫福建興化府莆田縣軍籍　府學增廣生

治詩經字恒守行二年三十一十二月初七日生

曾祖益仍　祖備贈主事　父昌　母陳氏　繼母蘇氏

具慶下　兄葦　弟軏輔軫軾軿轂鼎　娶陳氏

福建鄉試第二十二名　會試第一百八十六名

方佑

貫直隸安慶府桐城縣軍籍　國子生

治書經字廷輔行三年三十九八月初十日生

曾祖有道行人　祖法都司斷事　父懋　母許氏

永感下　兄琳陰陽訓術　玘　弟瑜理瑤瓚璀玠　娶吳氏

應天府鄉試第三十八名　會試第二百三十一名

段寧 貫陝西平涼府平涼縣民籍 國子生
治易經字伯安行一年三十七七月初十日生
曾祖文彬 祖士能 父亨 母張氏
具慶下 弟克己 娶劉氏
陝西鄉試第十六名 會試第二百六名

楊孟芳 貫廣東廣州府南海縣軍籍 府學增廣生
治詩經字景春行一年二十三三月二十六日生
曾祖朝璋 祖德貴 父彥禎 母何氏
具慶下 弟仲芳 季芳 亨娶
廣東鄉試第五十四名 會試第八十一名

高安

貫江西吉安府吉水縣民籍　國子生
治書經字邦寧行三年四十八六月十二日生
曾祖以文　祖元巽　父自義　母周氏　繼母曾氏
慈侍下　兄邦憲　邦輔　娶姜氏
應天府鄉試第三十三名　會試第一百六十七名

顧胠

貫遼東都司定遼前衛軍籍　國子生
治書經字宜用行一年二十九十二月十九日生
曾祖升一　祖顯　父真　母湯氏　繼母黃氏
嚴侍下　娶董氏　繼娶胡氏
山東鄉試第三十一名　會試第九十名

李翔

貫四川重慶府大足縣民籍 國子生

治書經字鵬遠行三年三十三閏七月十五日生

曾祖必清 祖仲仁 父道和 母涂氏

具慶下 兄翎 翙 弟翊 娶朱氏

陝西鄉試第三十九名 會試第二百七十二名

徐茂

貫河南南陽府新野縣軍籍 國子生

治書經字景芳行三年三十六八月二十八日生

曾祖伯成 祖仕文 父貫訓導 母劉氏

永感下 兄轍 輗 弟軾 娶李氏

河南鄉試第二十六名 會試第一百十五名

畢玉　貫直隷大河衛軍籍　國子生

治易經字廷璽行一年三十三閏七月二十四日生

曾祖震　祖昇　父文德冠帶官　母程氏

嚴侍下　弟瑛千戶　娶沃氏

應天府鄉試第一百七十五名　會試第九十二名

楊大榮　貫四川重慶府忠州酆都縣軍籍　國子生

治易經字崇仁行四年三十六七月初一日生

曾祖繼祖　祖文興　父紹道陰陽訓術　前母黃氏　母戴氏　繼母杜氏

具慶下　兄大茂大盛大慶　弟大華大倫　娶吳氏

四川鄉試第八十三名　會試第二十六名

徐貴

貫江西饒州府浮梁縣民籍　縣學生

治書經字良貴行七年三十三三月初四日生

曾祖混軒　祖子田　父正德　母董氏

嚴侍下　兄本　立　隆　信　慶　讓　娶吳氏

江西鄉試第六名　會試第一百八十四名

顧鏡

貫河南開封府太康縣民籍　縣學生

治易經字自昭行四年三十二正月十一日生

曾祖文監察御史　祖泰　父義　嫡母陳氏　母王氏

慈侍下　兄鏞　銘　銓　娶李氏

河南鄉試第三十名　會試第二百六十三名

章顥

貫直隸廣德州軍籍 順天府學軍生

治書經字士昂行二年二十五八月二十一日生

曾祖子德 祖淵清 父祥 母吉氏

具慶下 兄順 娶楊氏

順天府鄉試第五十名 會試第二百十五名

龔鼎

貫四川成都府雙流縣民籍 國子生

治易經字大器行一年三十七十二月初二日生

曾祖友明 祖必文 父文貴 母魏氏

具慶下 弟琰 鳳 娶鄒氏

四川鄉試第四十五名 會試第七十一名

林孟喬　貫福建福州府福清縣竈籍　儒士

治詩經字孟喬行二年二十五八月十二日生

曾祖思齊　祖保　父景重　母張氏

慈侍下　兄嵩　聘王氏

福建鄉試第四十名　會試第四十九名

錢達　貫順天府大興縣民籍　府學增廣生

治書經字景通行二年二十六三月十二日生

曾祖仲名（仲銘）照磨所正　祖永善工部營繕所所正　父文貴　母唐氏

重慶下　兄進　弟暹　迪　遵　娶竇氏

順天府鄉試第四十六名　會試第七十六名

李麟

貫順天府懷柔縣軍籍　縣學生

治詩經字文祥行三年二十一十二月初一日生

曾祖德隆　祖毓秀　父綱　母馮氏

具慶下　兄彪　熊　弟鸞　聘席氏

順天府鄉試第十四名　會試第二百六十四名

白鳳

貫河南開封府儀封縣民籍　縣學生

治詩經字世禎行一年三十二八月十九日生

曾祖仲達　祖克明　父源縣丞　嫡母胡氏　生母錢氏

慈侍下　弟鸞鷹鸝鵡鷺鷳鴻　娶胡氏　繼娶岳氏

河南鄉試第四十七名　會試第一百五十一名

劉昊　貫湖廣衡州府衡陽縣軍籍　國子生

治禮記字文盂元行三年二十三九月二十三日生

曾祖漢良　祖潮彰　父佑推官　母蕭氏

具慶下　兄昱　晟　弟易　昂　娶歐氏

湖廣鄉試第一百四名　會試第一百二十七名

雷霖　貫陝西西安府華州華陰縣軍籍　國子生

治書經字孔濟行一年三十四三月二十七日生

曾祖得　祖效忠　父讓巡檢　母王氏　繼母呂氏

具慶下　弟霆　雯　娶張氏　繼娶王氏

陝西鄉試第一名　會試第二名

馬桓

貫順天府通州民籍　國子生

治禮記字文威行四年三十三七月二十三日生

曾祖良功　祖敬祖　父勝　母李氏

具慶下　兄彬知縣　謙　暄冠帶總旗　弟瑛　娶韓氏

順天府鄉試第八十五名　會試第二百五十八名

王雯

貫山西澤州陽城縣民籍　國子生

治詩經字慶祥行二年三十八十月二十六日生

曾祖友諒　祖敬達　父貴　母封氏　繼母李氏

具慶下　兄玘　弟章　福　娶段氏

山西鄉試第七十九名　會試第一百一十六名

黃鍾　貫湖廣永州府道州寧遠縣民籍　國子生

治書經字孟暘行二年三十七十二月二十四日生

曾祖保　祖仁壽　父勝甫　母楊氏

具慶下　兄鉞　弟欽　娶吳氏

湖廣鄉試第八十四名　會試第二百二十六名

屈祥　貫山東濟南府德州民籍　國子生

治易經字天祥行二年三十九八月十一日生

曾祖士英　祖奉義　父仲舒　母吳氏

具慶下　兄天禎　弟天福天祿天祐天楠　娶張氏

山東鄉試第一百五名　會試第二百九十二名

李和

貫河南彰德府安陽縣軍籍　國子生

治詩經字本中行三年三十七十一月二十九日生

曾祖士德　祖仲文　父光道　母張氏　繼母霍氏

慈侍下　兄鳳翔　鳳舉　娶郭氏

河南鄉試第七十一名　會試第一百七十二名

皇帝制曰朕惟帝王之治天下。必以求賢安民為首務。蓋古今之所同也、然古之士。進以禮。退以

義。爲上爲德爲下
爲民。令何其立功
之志弱。而利祿之
心勝奔競之風未
息。而廉介之節少

著。其失何由。古之
民。有恒產。有恒心。
家給人足。比屋可
封。令何其務本者
少。而逐末者多。婾

薄之習寖長。而禮
讓之俗未興。其弊
安在。朕自復位以
來。圖惟治理。夙夜
靡寧。求賢必欲得

真才。安民必欲獲實效。將使士正其習。民淳其風。庶幾唐虞三代之盛。必有其道。子大夫其援經據史。酌古準今。明以條陳。毋曲所學。毋畀所忘。務求切至之論。朕將擇而行焉。

天順元年三月十五日

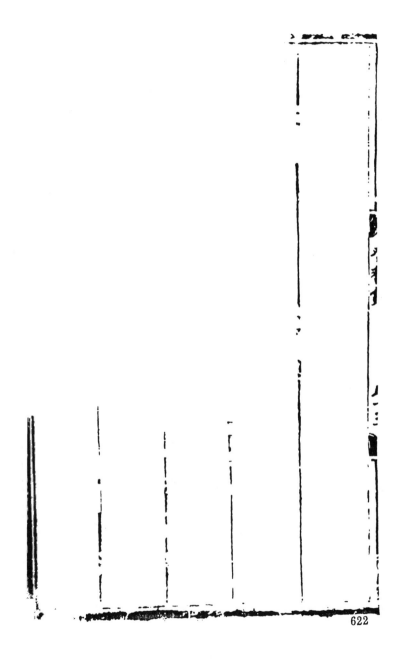

臣黎淳

臣對臣聞帝王之治天下在乎求賢安民而已求賢安民在乎智仁兼盡而已蓋求賢者智之事安民者仁之事非智不足以求賢非仁不足以安民智以求賢則迪知忱恂而眞才無不得仁以安民則博施濟衆而實效無不臻眞才既得士習由是而正實效既臻民風由是而淳堯舜所以帝天下而陶民熙皡者此也禹湯文武所以王天下而措世隆平者亦此也故書曰在知人在安民又曰知人則哲能官人安民則惠黎

民懷之其是之謂歟欽惟
皇帝陛下稟聰明睿智之資全剛健中正之德曩者
嗣大歷服已歷十有五年日御
經筵講求治理聲色貨利無所邇殖宮室苑囿無
所增廣恩澤覃被於八荒聲教洋溢於四海者
久矣茲乃應天順人復登
寶位誕膺
新命光復
舊物言動不違乎
祖訓舉措允合乎

天心所謂多難興邦而殷憂啓聖者也是以倫紀粲
乎其肇修風俗藹乎其丕變而功業文章巍然
煥然已駸致乎唐虞三代之隆矣然猶體道謙
冲不自滿是特進臣等于
廷降賜
清問首以求賢安民為務期在士正其習民淳其
風且惓惓欲求切至之論臣愚有以知
陛下此心即舜之好問好察禹之聞善則拜文王望
道如未見之心也其所以復大一統文明之治
綿千萬載太平之業端在此矣顧臣愚陋無所

知識然

明命下臨敢不精白一心以對揚於萬一乎臣惟天生斯民不能自治而必作之君君撫斯民不能獨理而必賚乎臣故人君之為治不必務乎至高難知惟在求賢而已不必務乎至遠難行惟在安民而已昔者唐虞三代之求賢也若時若釆之登庸三德六德之咸事股肱耳目皆有所託賢德忠良舉無所蔽或三宅三俊之克即或義德容德之維用其得賢之盛如此豈無自而然哉蓋由智之極其明耳若堯之疇咨明揚

本於欽明舜之翕受敷施本於濬哲禹則明昭于萬邦湯則經德而秉哲文武則聰明齊聖克知灼見謂非智之極其明乎夫惟智之極其明如鑑之空而妍醜自辨如衡之平而輕重自分賢否不得以混淆矣然上之人既明於知人而賢者乃得行其志是故其進也以禮不枉道以干祿不衒玉而求售蓋主乎辭遜而不輕於進也其退也以義或見幾而必作或不合而即去蓋主乎斷制而不難於退也所以士之用於當世苟必為上為德而使君為堯舜之君為下為民

而使民為堯舜之民又豈不行其道而尸位素
飡哉所謂求賢而得真才者以此至若唐虞三
代之安民也黎民有於變之休萬國有咸寧之
效平治水土而烝民乃粒輯寧邦家而兆民允
殖有夏為之脩和四海為之永清其安民之功
如此又豈無自而然哉蓋由仁之極其愛耳若
堯之協和萬邦本於其仁如天舜之四方風動
本於其德好生禹則德惟善政湯則克寬克仁
文武則懷保小民寵綏四方謂非仁之極其愛
乎夫惟仁之極其愛萬物一體而惠澤為之溥

施天下一家而教化爲之大行遠近咸歸其極
矣然上之人既篤於愛民而下民乃得遂其生
是故民有恒產必五畝之宅樹之以桑百畝之
田勿奪其時而游手游食者無有也民有恒心
必孝弟忠信之是脩放辟邪侈之不作而[illegible]犯
亂常者無有也所以民之生于其時者家給人
足之而懽然於仰事俯育之餘比屋可封而壽[illegible]
於禮樂教化之內又豈衣食是憂而五品之不
遜哉所謂安民而獲實效者以此夫二帝三王
智以求賢仁以安民而得其真才實效[illegible]在是矣

極盛矣自時厥後若漢唐宋之英君誼辟知所
求賢安民為務而於智仁不能兼盡是以真才
未必得實效未必臻回視唐虞三代之治僅十一
其不可及也洪惟我
太祖高皇帝膺
天命以創鴻業
太宗文皇帝順人心而靖邦家其求賢安民之道達
紹帝王而有光
仁宗昭皇帝敷大惠以寧四海
宣宗章皇帝明俊德以綏萬方其求賢安民之道近

述

祖宗而無間夫何承平日久趨向漸乖士習或流於

貪鄙民風或至於澆漓

朝廷雖急於求賢然為士者立功之志弱而利祿

之心勝奔競之風未息而廉介之節少著豈所

謂求賢者徒徇虛名而未得真才之故歟使得

真才而用之尚何有是失哉

朝廷雖急於安民然斯民務本者少而逐末者多

婾薄之習寖長而禮讓之俗未興豈所謂安民

者徒事虛文而未臻實效之故歟使臻實效而

騐之尚奚有是弊哉仰惟
陛下復位以来圖惟治理夙興夜寐汲汲於求賢宵
衣旰食切切於安民然求賢必欲得真才而安
民必欲獲實效將使士正其習民淳其風庶幾
唐虞三代之盛必有其道者臣愚以為在
陛下智仁兼盡而已臣伏覩
陛下詳經制以網羅天下之賢或由科目舉或由冑監
選或以賢良方正薦或以懷材抱德徵此
陛下求賢如渴之心也奈何人藏其心不可測度直者
似訐而剛者似傲佞者似忠而詐者似信所謂

珉中玉表而鳳鳴鷙翰者也況秉銓衡者未盡
其公司考課者或非乎正回邪諂媚之徒得濟
于顯融而剛方廉潔之士或困于詆毀真才何
由而得乎
陛下求賢果欲得真才必本乎此心之智洞察其賢
否灼見其虛實勵精選舉之方申嚴考課之法
登崇俊良簡任忠直置之廟堂之上布之藩臬
之中言行足以表率乎群僚政事足以撫綏乎
黎庶譬之木焉本端而末自直譬之水焉源澄
而流自清將見今之士進必以禮而不蹈希世

取寵之非退必以義而咸知固位貪權之恥急
於行道濟時而奮立功之志力於輸忠效勞而
忘利祿之心以恬靜為尚而奔競之風自息以
貪墨為戒而廉介之節自著即書所謂允迪厥
德謨明弼諧詩所謂濟濟多士秉文之德者也
尚何士習之不正哉 臣伏覩
陛下須明詔以軫念元元之苦或蠲租稅以寬之或
發帑藏以濟之或申節儉之制或開減省之條
此
陛下視民如傷之心也柰何民生多欲因物有遷夏暑

雨而阻食冬祁無衣而阻衣煢獨鰥寡顛連而無
告飢饉流移瀕死而難存宜乎禮義不興而奸
宄未止也況司民牧者之撫字之勤職風化者
乖明倫之教詞訟日繁而刑清之頌不作田野
就荒而擊壤之歌未聞實效何由而獲乎
陛下
安民業欲獲實效必本乎此心之仁如疾痛之切
於一體如氣脉之貫於四肢儆戒其勞來之職
業督其勸課之責所欲與聚所惡勿施置之於
衽席之安措之於富壽之域比閭族黨有義以
相保親疎尊卑有禮以相接譬之綱焉綱舉而

曰自張譬言之衣焉領挈而裘自順將見今之民産必有恒不遊惰而棄業心必有恒不安作而陷刑知農事不可緩也咸耕鑿以務其本知商賈為可賤也不市利以逐其末鄉閭有塾則考德問業而偷薄之習自止里社有約則好善惡惡而禮讓之俗自興即詩所謂群黎百姓徧為爾德易所謂久於其道而天下化成者也尚何民風之不淳哉夫如是則

陛下

之治天下端不異於唐虞三代之盛矣此臣之愚見斷以為智之明足以求賢仁之愛足以安

民是以其效自有不期然而然者也然
陛下之求臣者臣既略陳之矣而於終篇竊有獻焉
夫求賢安民固本於
陛下之智仁而智仁之本尤在乎
陛下之一心蓋心者一身之主宰萬事之本根所以
統五官而令百體者也所以參天地而贊化育
者也
陛下必欲常存是心又必以敬為之主焉靜而主敬
以全其心之體動而主敬以達其心之用以之
求賢則智極其明以之安民則仁極其愛矣然而

是敬奚翅為智為仁以盡求賢安民之道而已乎至於視聽言動一循乎天理好惡用舍必合乎時中殆見四方萬國必由此而咸和九夷八蠻必由此而賓服五嶽四瀆必由此而效靈四時五行必由此而順序曠世之祥於是乎盡見諸福之物於是乎駢臻宋儒程子所謂上下一於恭敬則天地自位萬物自育氣無不和而四靈畢至者也如是則

陛下之治卓冠百王而垂億萬年之休與天地相為無窮者自茲始矣臣學識膚淺不能援經據史

酌古準今謹直述以對若夫曲所學以阿世畀
所志以徇時則臣不敢以自屬也伏惟
陛下少垂睿覽天下幸甚萬世幸甚臣謹對

臣[illegible]

臣

對

臣聞天下至大而以一人爲主人君至尊而以一心爲主蓋心也者萬化之原萬事之本也古之聖人所以參天地贊化育而經綸大經者不過運此心而已況求賢安民爲治之首務而不本於一心之運用可乎故本諸心以求賢則必得夫真才本諸心以安民則必獲夫實效是以君天下而欲求賢安民者信非此心莫之能盡也大學所謂心正而后身修身修而后家齊家齊而后國治國治而后天下平董子所謂

正心以正朝廷正朝廷以正百官正百官以正
萬民此之謂歟恭惟
皇帝陛下聰明先物睿智有臨心二帝三王之心然
祖宗列聖之統先之以勵精加之以恭儉誠所謂得
聖人之時居聖人之位必欲致帝王之治者也
佐理已得真才矣而猶欲真才之求圖治已獲
實效矣而猶欲實效之臻乃進臣等於
廷特以治道首務爲問所謂知周萬物而不棄一
得之愚明照四方而尚詢芻蕘之賤者也臣雖
愚昧敢不精白一心以對揚

明命之萬一乎臣竊惟賢者國家之利器也天事以之而共理天民以之而共安是賢不可以不求而求賢必務得真才也民者國家之赤子也飢焉而欲其食寒焉而欲其衣是民不可以不安而安民必務獲實效也斯二者誠治天下之首務也粵稽諸古堯舜之帝天下也內有百揆四岳外有州牧侯伯莫非真才矣而堯也方且咨之於岳而舉舜舜也方且選之於衆而舉皋陶式三德而日宣六德而日嚴者之翕受或大而千人之俊小而百人之乂者之在官由是乎章百

姓協和萬邦而黎民有於變之風播時百穀敬
敷五教而萬國有咸寧之效非堯舜之求賢安民
者乎禹湯文武之王天下也建官稽古倍於在
虞莫非真才矣而禹湯方且籲俊尊帝聿求元
聖文武方且克知三宅灼見三俊之是用襄我
二人惟茲四人之是相由是德惟善政子惠困
窮而兆民有允殖之休四方嘉靖庶民歸極而
萬姓有咸悅之效非禹湯文武之求賢安民者
乎惟求賢而得真才也故當時之士豈肯枉道
以徇人尸位而素餐哉進不輕進必以禮焉苟

非其禮雖萬鍾之祿弗就也退不難退必以義焉苟非其義雖千駟之富弗戀也一進一退不失其正是以上而為君也進思盡忠退思補過以成乎君德下而為民也霈其膏澤施其善政以全乎民生所以得真才之盛如此豈無其本哉蓋由堯舜禹湯文武兢兢業業慄慄翼翼之心所致也惟安民而獲實效也故當時之民舉無習俗之惡而皆存本然之善生產之業必有恒焉求無恒產而流移遊蕩者無有也心之所存必有恒焉求無恒心而放辟邪侈者無有也

恒產恒心而咸順其則是以飽食煖衣家給人
足而遂仰事俯育之願樂善循理敬老慈幼而
有比屋可封之俗所以獲享無疆之盛如此豈無
其本哉蓋由堯舜禹湯文武念茲在茲不遑暇
食之心所致也仰惟
太祖高皇帝應
天命以定區夏
太宗文皇帝順人心以靖邦家其求賢安民之數無
裕於後昆
仁宗昭皇帝溥聲教於四海

宣宗章皇帝敷仁政於天下其求賢安民之道繼堯
于前烈蓋能心乎唐虞三代之心誠無愧於唐
虞三代之治矣今
陛下得賢之用亦莫不奮厲而熙載敬事而後食何
慊於心哉然猶慮夫今之士立功之志弱而利
祿之心勝奔競之風未息而廉介之節少著此
雖奉行者徒徇虛名而不求其實之過實足以
見
陛下求賢如渴之盛心雖然欲得真才而無此失必
以唐虞三代爲法先之小學以爲養士之本次

之大學以枚養士之功教之以脩齊治平之具
問之以鄉舉里選之法由是爲士者以後世不
釋爲恥而皆有志於功名以正誼明道爲事而
自無心於利祿正路是由而奔競之風以息非
義不取而廉介之節以著士習之正孰有加於
此乎所以然者由
陛下以唐虞三代求賢之心爲心之所致也
陛下欲民之安亦既發倉賑濟務得其所奚愧於前
哉然又慮夫今之民務本者少逐末者多偷薄
之習寖長而禮讓之俗未興此雖承流者徒應

故事而不宣其化之咎尤足以見
陛下視民如傷之盛心雖然欲獲實效而無此弊夫
必以唐虞三代爲法制田里以遂其生業薄賦
歛以足其衣食典牧申勸課之令庶邦遵惟正
之供由是爲民者皆知務本而化薄以歸厚
棄逐末而去危以就安舊染之汚除而習尚不
婾乖爭之意消而鄉俗自善民風之淳孰有過
於是哉所以然者由
陛下以唐虞三代安民之心爲心之所致也然臣於
陛下之策旣陳梗槩于前矣而區區犬馬之心尚不

飭己復於終篇而有獻焉臣惟始勤終怠者衆
人之常情慎終如始者聖人之能事天地惟有
常故覆載於無疆日月惟有常故照臨而不二

臣願
陛下知天地之量而同其覆載並日月之明而同其
照臨始終此心始終此治由是而法帝王之道
恒久而不失由是而繼
祖宗之緒悠遠而益光于以求賢則真才輩出而無
替于以安民則實效長在而不泯至治之隆於
是乎不可尚矣且臣所以對

陛下者皆經史之所紀載古今之所通行豈敢泛然
而虛文以應之乎若曲學以阿世卑志以徇時
亦非臣愚之志也今
陛下既以是戒臣臣敢不以是為戒以副
陛下之盛意乎臣學不足以博古識不足以通今謹
獻草茅之言上塵
天聰伏惟
陛下俯垂
睿覽臣不勝悚懼之至臣謹對

臣陳秉中

臣對臣聞帝王之為治有其道帝王之行道有其要夫治道之要求賢安民是也求賢而得眞才安民而獲實效則治道之隆有不期然而然矣尚何慮夫士習之不正民風之未淳哉唐虞三代既以求賢安民為務以成至治於天下而後世之有天下者欲盡求賢安民之道可不以唐虞三代為法乎書曰與治同道罔不興詩曰不愆不忘率由舊章此求賢安民為治道首務信乎古今之所同也仰惟

太祖高皇帝龍飛淮甸創業垂統既以求賢安民為
本
太宗文皇帝奄奠兩京繼志述事又以求賢安民為
先
列聖嗣位持盈守成所以致重熙累洽之治者豈有
出於求賢安民之外哉恭惟
皇帝陛下紹述
鴻圖光復
寶位黜奸邪而進忠良惠鰥寡而撫黎庶法度為
之一新綱紀為之大振天下之人莫不迎頸

望以為唐虞三代之治復見於
今日然
聖心謙冲不自滿假治已至而猶以為未至道已臻
而猶以為未臻迺於
萬幾之暇復進臣等於
廷降賜
清問首以求賢安民為言此正
陛下為治之道行道之要最急而不可緩者然猶恭
奉下詢責臣以切至之論于以見
陛下之心即好問好察望道未見之心是以四三王

足以六五帝足以繼
祖宗之緒足以丕無疆之休者矣臣敢不罄一得之
愚以對揚
聖天子之明命乎稽之於古若堯之明揚側陋舜之
咨命言故禹之顓俊尊帝湯之敷求哲人文武
之克知三宅灼見二俊是皆以求賢為首務也
堯之協和萬邦黎於不虐無告禹之善政養民
湯之子惠困窮文武之懷保小民寵綏四方是
皆以安民為首務也二帝三王務於求賢安民
如此故當時俊乂在官治隆俗美凡為士者其

進也以禮而進之之難未嘗枉道以求合其退
也以義而退之之易未嘗忘義以徇祿惟其進
退之不苟是以當時用之則能為上為德而責
難陳善務引其君以當道為下為民而布德施
惠必措世於乍殷非求賢而得真才者歟凡為
民者皆有恒產而出作入息衣食有所資皆有
恒心而入孝出弟邪妄無所肆惟其恒產恒心
之兼有是以當世之民家給人足惟然於安居
樂業之中比屋可封怡然於仰事俯育之內勤
於務本而逐末者無有也篤於禮讓而媮薄者

無有也非安民而獲實效者歟至於漢唐宋或舉孝弟力田或擢明經秀才或聘賢良方正非不欲求賢也然徒徇虛名而教之無素或下減田租之詔或定租庸調之法或立常平義倉之規非不欲安民也然徒事虛文而養之無實較之唐虞三代治道之隆則瞠乎其後而不可及矣今

陛下勵精圖治而惓惓以求賢安民為心然而士之見用者立功之志弱而利祿之心勝奔競之風未息而廉介之節少著何也蓋知人自古為難

豈用之未盡賢、賢之未盡用歟？況職師儒者徒務記誦詞章之末，而不知以道德爲本也，其失得無由于此乎？

陛下必欲得真才，正士習，必以唐虞三代爲法，八歲以上教之於小學，十五以上教之於大學，自洒掃應對而至於舞蹈絃誦，自格致誠正而至於修齊治平，于以收心而存性，于以成德而達材，培養於未用之先，慎選於將用之際，如是則士皆奮立功之志，而忘利祿之心，奔競之風自息，而廉介之節自著，所謂真才得而士習於是乎

正矣至若民之在下也務本者少逐末者多媮
薄之習寖長而禮讓之俗未興何也蓋安民在
乎仁惠豈善政之舉未周而德化之行未浹歟
况任守令者徒事簿書期會之間而不知以豈
弟為政也其弊得無由於此乎
陛下如欲獲實效淳民風必以唐虞三代為法六府
之惟脩三事之惟和百畝之田勿奪其時數口
之家不廢其業取不過什一而不傷其財役不
過三日而不困其力比閭族黨使相保愛鰥寡
孤獨不至無告如是則人皆勤於務本而不逐

市利之末媮薄之習自除而禮讓之俗自興所
謂實效得而民風於是乎淳矣可以比美唐虞
三代之盛者其道豈不在於茲乎
陛下之策臣者臣既略陳於前矣而於終篇復獻其
一得之愚焉夫求賢安民而得其效者固在乎
取法唐虞三代所以能盡取法之道則在
陛下之一心夫心者一身之主家國天下之本也
陛下以此心而求賢則取人有則謟邪莫能惑而真
才無不得矣
陛下以此心而安民則為近舉遠百姓無不足而實

效自然獲矣由是

陛下功光

祖宗業垂後嗣而爲

大明中興之

令主矣雖然是心也得失之易而保守之難必克敬克念而至誠無息法天道之常運象日月之常明堅如金石而不移信如四時而不失始終此心則始終此道始終此道則始終此治而雍熙泰和之盛必悠久而不替矣臣草茅賤學不能援經據史識不能酌古準今直述所聞上[illegible]

睿覽惟
陛下察其愚衷而采擇焉臣不勝怖懼之至臣謹對

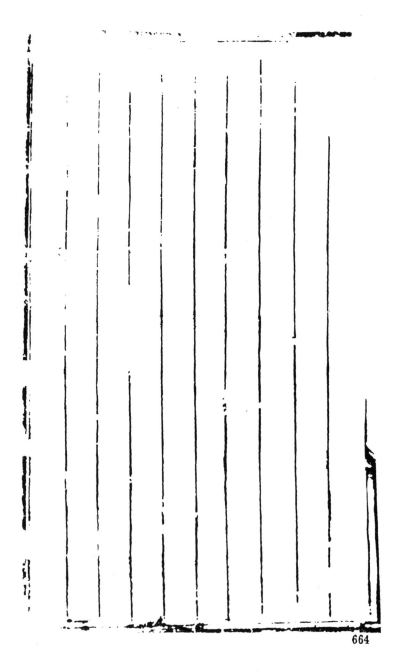

竟厂觀察新得明天順元年進士登科錄蒙竟屬題錄中有玉音次讀卷執事人銜名次新進士籍貫而終之以皇帝榮問及一甲三人策對所載編甲賜出身送狀元歸第等事与國朝舊制略同一二三甲都凡二百九十四人中額亦復相等惟清時鄉會試例有進呈錄而殿試無之不知變置何時是錄為英宗復位初元徐有貞以華蓋殿大學士讀卷居首有貞小人政名希進奪門攘功原不足道是科所得士自黎淳以下有名蹟可稱述者殊鮮若茹以棠豈不然耶不可與寶祐登科錄兩語矣抑其制策有云求賢必得真才不知所謂真才者

爲徐有貞爭爲于忠肅爭是又可發一喟也

歲在閼逢困敦孟秋既望天門周樹模記於東寓沽園

英宗復辟改元天順于時歲在丁丑太祖頒科舉條令試以辰戌丑未年舉行蓋正科也奪門之事曹吉祥石亨徐有貞爲之當即下于忠肅公於獄以謀逆定擬英宗猶豫未忍也有貞曰不殺之此舉爲無名有貞以副都御史超進華蓋殿大學士是科讀卷官遂居首席景泰之廢詔書脫稿皆有貞筆大綱擬之六月下獄八月放金齒爲民矣小人思逞一時亦何爲哉是科知名者少憲宗乙未議復景泰帝號時侍講黎淳官左庶子上言沮之乃以昌邑史始爲說帝雖加責而事欲中止賴商文毅極言乃成耳在黎淳爲別有肺腸在有貞則流傳謬種也

小麓觀察以此冊屬題瀏覽一過其中有富戶籍又有上姓一人皆稀見亦足以廣異聞焉矣

甲子孟秋廿三日應山左紹佐志

山東鄉試錄序

國家用儒爲治其來尚矣學校以養之者儒之學得正道也科目以取之者儒之進得正路也台撫廉尹胥此焉出儒之職又得申名器之正也則其重儒而不輕也較然矣欽

惟我
朝自
祖宗有天下傳歷百年用儒之效
一本之躬行
皇上嗣登大寶尤注意於用儒首
幸太學觀謁孔子尊儒道也太
學生許就鄉試廣儒路也校

官九載亦復聽其會試又所
以慮儒之有遺才也曠古所
無之典
皇上毅然行之海內人心踴躍思
奮豈偶然而已哉成化紀元
之初適當大比山東藩臬重
臣恭循故事禮聘儒紳以司

文衡至期合六郡及邊徼文
學之士一千有竒而羣試之
于時廵撫左副都御史賈銓
綱維經畫百度一新內而提
調則左布政使原傑左參政
葉冕監試則按察使李裕副
使莊歙外而防範賛襄則右

參政李讚陳雲鵬副使張穆
李琮左參議江玭右參議賈
恪僉事劉進莊昇徐毅王輅
周濠茂彪而巡按監察御史
朱暟則嚴考較以杜倖進除
宿弊以靖文塲寔臨蒞而總
司之曁百執事與啓等亦皆

祗承
德意務求真儒之選迨撤棘得文
之中式者七十五人謹書成
錄將獻諸
上而傳之四方用昭賓興盛舉謂
宜有序猥及於啓竊惟儒道
與世道相關世道之泰儒道

之行也肆唐虞三代世底雍熙萬物得所有堯舜禹湯文武以儒道君天下皋夔稷契伊傅周召以儒道相天下當時嘉謨善政載諸方冊是以垂法萬世有周之末先王之教日以湮微於是天生孔子

删述六經以儒道師天下譬
之規矩準繩必由是而後為
圓為方為平直也三代而下
享國長久者莫若漢唐宋其
間君臣相遇足以有為于一
時蓋亦彷彿乎儒道也我
皇上法

祖宗而爲治一皆本諸堯舜禹湯
文武周公孔子之道以儒道
君天下莫盛於
今日諸君子作於
聖化皆負儒業由鄉舉而捷春闈
奉
廷對衣被寵光良有日矣尚思

躬行儒道以副
聖天子崇儒之盛意毋俾唐虞三
代之豪傑專美于前斯不負
儒者之名矣若然匪直為科
目之光實斯文之光
邦家之光也幸相與勉之
山西平陽府霍州儒學學正

吳啓謹序

成化元年山東鄉試

監臨官

巡按山東監察御史朱暟　景文直隸高郵州人 庚午貢士

提調官

山東等處承宣布政使司左布政使原傑　子英山西陽城縣人 乙丑進士

山東等處承宣布政使司左參政龔晃　拱宸浙江上虞縣人 乙丑進士

監試官

山東等處提刑按察司按察使李裕　資德江西豐城縣人 甲戌進士

山東等處提刑按察司副使莊歆 尚源直隸歙縣人 辛未進士

考試官

山西平陽府霍州儒學學正吳啓 文舉直隸江陰縣人 丙子貢士

直隸寧國府旌德縣儒學教諭柴璇 璘正浙江餘姚縣人 己卯貢士

同考試官

順天府密雲縣儒學教諭徐與寧 文泰河南光山縣人 庚午貢士

直隸安慶府太湖縣儒學訓導周郁熙 堯佐江西安福縣人 癸酉貢士

湖廣黃州府黃岡縣儒學訓導羅絢 秉耀江西泰和縣人 癸酉貢士

河南南陽府汝州魯山縣儒學訓導呂景裕　寬仁直隸淮安府宿遷縣人癸酉貢士

湖廣襄陽府竹山縣儒學訓導黃德華　承政江西豐城縣人庚午貢士

印卷官

山東等處承宣布政使司經歷司經歷張珦　繼璋浙江歸安縣人監生

收掌試卷官

東昌府高唐州夏津縣知縣薛正　子貞陝西雒南縣人丁卯貢士

受卷官

濟南府青城縣知縣張紀　叔禮直隸常州府武進縣人監生

山東等處提刑按察司經歷司經歷丑顯
孔昭順天府大興縣人監生

濟南府淄川縣知縣劉文
曹道四川重慶府巴縣人甲子貢士

彌封官

兖州府曹州同知張浩
文翰直隷河間府滄州人庚午貢士

濟南府章丘縣知縣張慶
景祥河南開封府鈞州人庚午貢士

謄録官

山東都指揮使司經歷司經歷韓恭
尚禮直隷和州人己酉貢士

濟南府武定州商河縣知縣寇源
文淙直隷保定府唐縣人庚午貢士

對讀官

山東布政司理問所理問楊瑄 好善江西南昌縣人監生

濟南府鄒平縣知縣李儒 宗學陝西西安府涇陽縣人監生

巡綽官

濟南衛指揮使劉喜 廷悅順天府武清縣人

濟南衛指揮僉事馬英 世雄直隸淮安府邳州人

搜檢官

濟南衛左所正千戶余福 壽之江西袁州府宜春縣人

濟南衛中所正千戶張忠 克正河南汝寧府遂平縣人

濟南衛前所正千戶劉鎧 志堅直隸揚州府江都縣人

濟南衛後所正千戶王恒 志經直隸鎮江府丹徒縣人

供給官

濟南府同知王璟 孟輝山西太原府陽曲縣人癸酉貢士

濟南府經歷司經歷施玘 廷玉浙江湖州府武康縣人監生

東昌府廣盈倉大使邢景魁 士元山西潞州襄垣縣人承差

第壹場

四書

爲仁由己而由人乎哉顏淵曰請問其目

子曰非禮勿視非禮勿聽非禮勿言

非禮勿動

不誠無物是故君子誠之爲貴誠者非自

成己而已也所以成物也

詩云雨我公田遂及我私惟助爲有公田

由此觀之雖周亦助也設為庠序學校以教之庠者養也校者教也序者射也夏曰校殷曰序周曰庠學則三代共之皆所以明人倫也

易

六三觀我生進退象曰觀我生進退未失道也六四觀國之光利用賓于王象曰觀國之光尚賓也

利有攸往中正有慶

歸奇於扐以象閏五歲再閏故再扐而後

掛乾之策二百一十有六坤之策百

四十有四凡三百有六十當期之日

理財正辭禁民為非曰義

書

導沇水東流為濟入于河溢為滎東出于

陶丘北又東至于菏又東北會于汶

又北東入于海

亦越文王武王克知三有宅心灼見三有俊心以敬事上帝立民長伯立政任人準夫牧作三事虎賁綴衣趣馬小尹左右攜僕百司庶府大都小伯藝人表臣百司太史尹伯庶常吉士

政貴有恒辭尚體要不惟好異商俗靡靡利口惟賢餘風未殄公其念哉

其刑其罰其審克之

詩

孑孑干旄在浚之郊素絲紕之良馬四之

彼姝者子何以畀之孑孑干旟在浚

之都素絲組之良馬五之彼姝者子

何以予之孑孑干旌在浚之城素絲

祝之良馬六之彼姝者子何以告之

天立厥配受命既固

蓺之荏菽荏菽旆旆禾役穟穟麻麥幪幪

瓜瓞唪唪誕后稷之穡有相之道茀

厥豐草種之黃茂

率履不越遂視既發相土烈烈海外有截

帝命不違至于湯齊湯降不遲

春秋

春王正月（隱公元年）滕子來朝（桓公二年）荆人來聘

（莊公二十三年）公會晉侯齊侯宋公蔡侯鄭

伯衛子莒子盟于踐土　公朝于王所

僖公二十八年　天王使宰周公來聘　僖公三十

年

王人子突救衛　莊公六年　公會王人齊侯宋公衛侯

許男曹伯陳世子款盟于洮　僖公八年　會王

人晉人宋人齊人陳人蔡人秦人盟于翟泉

僖公二十九年

宋公齊侯遇于梁丘　莊公三十二年　齊侯宋公江人

黃人盟于貫僖公二年齊侯宋公江人黃人會
于陽穀僖公三年遂伐楚　楚屈完來盟
于師　盟于召陵　齊人執陳轅濤塗
及江人黃人伐陳　公孫茲帥師會齊人宋
人衛人鄭人許人曹人侵陳僖公四年　公及
齊侯宋公陳侯衛侯鄭伯許男曹伯會
王世子于首止　諸侯盟于首止　鄭伯逃
歸不盟　楚人滅弦僖公五年　楚人圍許

僖公六年

季孫行父臧孫許叔孫僑如公孫嬰齊帥師會晉郤克衛孫良夫曹公子首及齊侯戰于鞌

成公三年

季孫宿叔老會晉士匄齊人宋人衛人鄭公孫蠆曹人莒人邾人滕人薛人杞人小邾人會吳于向

襄公十四年

禮記

制三公一命卷若有加則賜也不過九命

射之以樂也何以聽何以射

閏月則闔門左扉立于其中皮弁以日視朝

遂以食日中而餕奏而食日少牢朔月大

牢五飲上水漿酒醴酏

然則先王之爲樂也以法治也善則行象德

矣

第貳場

論

德主天下之善

詔誥表　內科一道

擬漢章帝會諸儒白虎觀議五經同異詔

擬唐以陸贄為中書侍郎同平章事誥

擬

車駕幸太學謝表

判語　五條

舉用有過官吏

任所置買田宅
禁止師巫邪術
承差轉雇寄人
詐欺官私取財

第叁場

策五道

問自古帝王欽慎刑法盖以法者人之命
刑者國之拳苟或失其科條固難以措

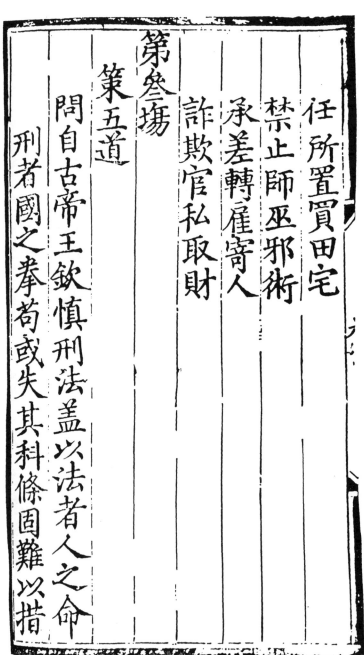

手足矣恭惟我
太祖高皇帝
御極之初即
命詳定律法
太宗文皇帝繼體守成亦許寃抑自陳
宣宗章皇帝又製五倫書須行天下而於君道
篇悉載古今慎刑之意以昭鑒戒
聖德好生何其至歟然恤刑之條始之以何人

之言終之以何人之說下車泣囚其與
刑期于無刑之心同與異與納隍致慮
其與好生之德恊與否與刑罰不中則
民無所措手足者其言何三見與死者
不可復生其語何四出與令
皇上明德慎罰屢詔恤刑固將與
祖宗同一盛心矣諸士子佩服
聖訓蓋亦有年他日倘為掌刑之官必將有以

處之者顧著于篇

問大學中庸聖賢傳授心法之書其言雖博而誠敬二者足以該之夫敬為大學之要領何至傳三章始言緝熙敬止未知此章之前亦有敬可言歟誠為中庸之樞紐何至十六章始言誠不可揜未知此章之前亦有誠可指歟敬之釋先儒有言主一無適者有言整齊嚴肅者

有言常惺惺法者又有言收斂不容一物者四言之中奚為至切識之釋先儒有以不欺為言者有以不息為言者有以無妄為言者又有以真實無妄為言者四語之中奚為至要夫誠敬既為庸學之要學者欲從事於誠敬果當交致其功歟抑或有先後緩急歟誠敬之説亦未知始於何經歟願詳著之以觀居

敬立誠之學

問明經進士兩科自隋唐以來而始盛論者謂唐重明經而輕進士宋重進士而輕明經何以知其然歟唐有欲罷明經進士之科者其所以欲罷之意可得而言歟其試之之法有以詩賦論策而復加以經義之制者則自何時而立有臨軒試以詩賦而復定以策試之制者則

自何時而始且糊名易書之制既立而
諸州之糊名易書則始於何時而易書
則又從何人請歟如傳義匿服之有禁
冒貢挾書之有條抑因何事而舉歟封
印卷首嚴禁秉燭又因何人之言而行
歟若受知先朝擢自下第偉有儀狀擢
居首選者可知其人歟又若懷州發解
素已銓次大名舉子自相推先者其人

亦可考歟諸士子於科目必嘗究其實
矣請悉以對

問理學類編一書皆集先儒之格言而示
學者以窮理之要也姑舉其槩以質之
夫編集是書固有次第而其目可歷陳
歟講論太極固非一人而精微孰為得
歟天地有闔闢驗之於何物天一而生
水徵之於何事陽唱陰和則雨亦有西

風而雨者何地歟陰陽氣和乃雨亦有龍能致之者何義歟雷本氣也或擊人與物而成斧石者果神物所主歟雹亦氣也或閃爍激疾如金蛇飛騰之狀者何形氣若是歟論陰陽則有以象類言有以動靜言有以對待言又有以錯綜言者何不同歟論五行則有以質而語其生之序有以氣而語其行之序有統

而言之者又有錯而言之者何相異歟
願著于篇以觀窮理之學

問

國家承平之時亦不可忘武備也武備脩則
教閱有方講習有素萬一不虞用之以
禦侮銷患無難事矣稽之成周四時講
武所謂振旅茇舍治兵大閱是已其制
可得而詳歟秦不師古兹法由廢炎漢

之典内則有乘之之制外則有都試之
名李唐之世府兵有一時之講顯德有
習射之較幷州城北驪山之下又相繼
有講焉至于有宋四時有講武之儀西
郊行大閲之禮朱明之池講武之殿亦
相繼有習焉可各指其實而陳之歟抑
有優劣之可議歟其亦有合於成周之
制否歟逮エヽ我

朝重熙累洽有安不忘危之慮治兵有律訓
武有方蓋已遠過漢唐宋而與成周匹
休矣孔子曰有文事者必有武備諸士
子素有志於文武者也其為我陳之

中式舉人七十五名

第一名敖　山　東昌府學生　易
第二名王　綸　歷城縣學生　書
第三名朱　鼎　濟南府學生　詩
第四名李　瑆　青州府學生　春秋
第五名楊　溥　德州學生　禮記
第六名邢　端　陵縣學生　書

第七名陳　鼎　曹州學生　詩

第八名李　介　高密縣學增廣生　禮記

第九名白　震　堂邑縣學生　易

第十名趙　潤　濟寧州學生　春秋

第十一名張公玉　平度州學生　詩

第十二名佟　珍　遼東都司學軍生　書

第十三名金　鑾　陵縣學生　詩

第十四名郭　鎧　恩縣學生　書

第十五名馬惇　臨邑縣學生　春秋

第十六名李遜　陽信縣學生　易

第十七名崔晉　單縣學生　詩

第十八名譚綸　濱州學生　書

第十九名李健　曹州學生　詩

第二十名李佳　福山縣學生　禮記

第二十一名楊光溥　沂水縣學增廣生　書

第二十二名田聰　東平州學生　詩

第二十三名蘇旻　金鄉縣學生　易

第二十四名毛琦　禹城縣學生　書

第二十五名奚綬　沂州學生　詩

第二十六名王章　寧陽縣學生　書

第二十七名周弁　高密縣學生　詩

第二十八名王通　利津縣學生　春秋

第二十九名王彰　嶧縣學生　書

第三十名王文舉　肥城縣學生　詩

第三十一名李延壽　新城縣學生　易
第三十二名袁壽　遼東都司學軍生　書
第三十三名宮理　德平縣學生　詩
第三十四名雷升　遼海衛學軍生　禮記
第三十五名胡海　武城縣學生　詩
第三十六名秦惠　樂陵縣學生　書
第三十七名鄭璉　濟寧州人監生　詩
第三十八名閻江　樂安縣學生　易

第三十九名袁　珍　陽穀縣學生　詩
第四十名鄭　昌　臨清縣學生　書
第四十一名索　慶　聊城縣人監生　春秋
第四十二名崔　臻　膠州學生　詩
第四十三名解　斂　德州學生　詩
第四十四名陳　壽　寧海衛學增生　詩
第四十五名劉　瓚　益都縣學生　書
第四十六名滿　徽　高苑縣學生　易

第四十七名馮正　長清縣學生　禮記

第四十八名郝禎　諸城縣學增廣生　詩

第四十九名王俱　新泰縣學生　書

第五十名周宣　濱州學生　春秋

第五十一名丁璉　東昌府學增廣生　易

第五十二名范政　廣寧後屯衛學儒生　詩

第五十三名王凱　歷城縣學生　詩

第五十四名王舉　鄒縣學生　書

第五十五名　張洪　堂邑縣學生　易

第五十六名　高衢　武城縣學生　書

第五十七名　袁昂　沂州學生　詩

第五十八名　張吉　商河縣學生　書

第五十九名　馬震　青州府學生　易

第六十名　熊佑　博興縣學生　詩

第六十一名　崔珣　東阿縣學增廣生　詩

第六十二名　李憲　青城縣學生　禮記

第六十三名王琮　莘縣學生　易
第六十四名畢用　遼東都司學武生　書
第六十五名侯鐙　鄆城縣學生　詩
第六十六名姜昺　平陰縣學生　書
第六十七名程式　寧陽縣學生　詩
第六十八名張麟　濮州學生　書
第六十九名曹泰　齊河縣學生　詩
第七十名徐准　曹縣學增廣生　春秋

第七十一名　孟顯　東阿縣學生　詩
第七十二名　楊若　武定州學生　書
第七十三名　咎誠　高密縣學生　易
第七十四名　李翰章　兗州府學生　書
第七十五名　孫簡　登州府學生　書

四書

爲仁由己而由人乎哉顏淵曰請問其目子曰
非禮勿視非禮勿聽非禮勿言非禮勿動

王綸

同考試官訓導羅　批題本平易場中作者冗繁惟此作簡當可取

考試官教諭柴　批理有實見辭不蹈襲宜置高選

考試官學正吳　批此篇詞理通暢足見講貫之學

聖人告大賢爲仁當決其機於己答大賢問目當制

其欲於己蓋為仁由己用力之機要也非禮勿視聽言動用力之條目也欲收克復之功豈外是哉昔聖人因顏子問仁而告之及此若曰為仁之道固在於克己復禮而欲克己復禮果何所用力耶是故仁者本心之全德非由外鑠我也今焉克己以為仁則克己之功我所當任他人庸得而預之仁者吾心之天理非有待於外也今焉復禮以為仁則復禮之力己所當盡若人奚得而干之此其機之在我而無難也顏子一聞其言則於天理人欲之際已判然矣故不

復有所疑問而直請其條目焉聖人復告之曰目司視而耳司聽也視聽非禮則有以害吾仁矣故非禮之聲色必禁止之而弗視弗聽焉此防其自外入而動於內者爲何如口主言而身主動也言動非禮則有以壞吾仁矣故非禮之念慮必消弭之而不言不動焉此謹其自內出而接於外者又何如內外交進克復之功盡矣仁之爲道孰有加於此哉抑此章問答乃聖門傳授心法切要之言也非顏子至明則雖有克己復禮天下歸仁之告必不能察其幾非顏子

柔從則雖有爲仁由己與夫四勿之說必不能致其
決此夫子所以獨告顏子有以夫
不誠無物是故君子誠之爲貴誠者非自成己
而已也所以成物也

李璡

同考試官教諭徐　批中庸一題本於性理場中作者多泛而不切惟此篇詞理俱到可取

考試官教諭柴　批理明文暢優於衆作

考試官學正吳　批此篇得子思語誠之旨而詞又

不冗絕異他作

誠不可無人當實其心誠為己有自然及於物蓋人心不實則無其物不可不實之也能實其心而自成焉豈不有以及於物哉且夫誠者真實無妄之謂誠在於人則為實心人心一有不實則雖有所為亦如無有如事親不誠於孝則孝之一物無有也事兄不誠於弟則弟之一物無有也是以君子知不誠則無是物必以誠之為貴如事親者當實其孝於己焉知不實則無是事如事兄者當實其弟於己焉蓋人之

心能無不實乃為有以自成而道之在我者亦無不行矣然誠雖所以成已豈徒自成而已哉成不獨成而自有以成乎物也抑豈但成已而已哉立不獨立而自有以立乎彼也如孝能自成孝不為己有而彼亦得以成其孝焉如弟能自成弟不為己私而彼亦得以成其弟焉蓋誠能成已則自然及物而道亦行於彼矣誠之為道豈不盡乎抑中庸是章言人道而以誠論之誠一也在天為實理在人為實心如上文所謂誠者自成誠者物之終始此以實理言也所謂

而道自道與此節言誠此以實心言也然在天本無不實之理而在人或有不實之心學者果能加誠之之功則心無不實而在天者在我矣尚其勉之

詩云雨我公田遂及我私惟助為有公田由此觀之雖周亦助也設為庠序學校以教之庠者養也校者教也序者射也夏曰校殷曰序周曰庠學則三代共之皆所以明人倫也

朱昆評

同考試官訓導夏　批　篇敷發說深合題意可錄

同考試官訓導吳　批　體認親切講貫明白殊異衆作

考試官教諭柴　批　據經命詞發明孟子以教養告滕君之意殆無餘藴

考試官學正吳　批　認理明而文足以發之作手也

大賢之告滕君也既釋詩以見前代養民之制復詳言以見前代教民之制蓋助法所以養民而庠序學校所以教民也大賢之於滕君得不無舉以爲告哉

昔孟子勸文公之行助法故引大田之詩謂雨我公田遂及我私蓋公田爲君子之養在所當先故農人

顧天之雨必先于是焉私田為小人之養在所當後故農人欲雨之降遂及于我焉是惟助法之行而有此公田之制然今之助法不行久矣由是詩而觀之則不惟見商之用助而周亦用乎助焉以此詩而驗之則不惟見殷之行此而周亦行乎此焉前代養民之制如此君其可不行乎然養民固有以遂其生非教民則無以復其性故又告以設為庠序以教之立為學校以訓之蓋庠以養老為義校以教民為義序以習射為義鄉學之義固不同也在夏而曰校在殷

而曰序在周而曰庠鄉學之名亦有異也以至國學之名則三代有以共之焉然夏商與周學有大小而明倫之道無大小之殊庠序學校制有彼此而敷典之意無彼此之間前代教民之制如此君其可不盡乎吁助法行而民有所養學校立而民有所教孟子欲滕君之行仁政豈外是哉抑戰國之時王道不明井田學校不行久矣孟子既告滕君以此而他日又以經界示畢戰雖當制度已廢之餘能因略以致詳推舊而為新不屑屑於既往之迹而能合乎先王之

意者真可謂命世亞聖之才矣

易

利有攸往中正有慶

同考試官訓導周 批 發揮卦體卦辭之旨親切簡當視彼騁虛辭而戾經旨者逕庭矣宜在選列

白震

考試官教諭柴 批 詞順旨明蓋優於易學者也

考試官學正吳 批 發明卦辭深合本義

聖人釋卦辭宜往之占必即卦體宜往之善蓋慶尤[illegible]

之時往无不利所以然者得非由二五之中正有慶乎宜聖人彖傳發揮以示人也且夫益之為卦合震巽而成體文王繫辭以利有攸生而著其占吾夫子彖傳從而釋之謂夫當損上益下之時民心已說而無疆吾道既大而且光不有攸往則已往則順理而行自與吉會无一而不利焉不有攸行則已行則惠迪之吉勿問可知无一而不宜焉所以然者盖以卦體二五之中正有慶故爾九五居上體之中而當陽位之正六二居下體之中而當陰位之正五之應二

也以此中正之道二之應五也亦此中正之德二五皆得中正是以明良相逢而君臣得以際亨嘉之慶德澤流行而天下有以受康寧之福卦辭利有攸往寧不本於此哉嘗觀易之諸卦言利往不言利涉益彖何以兼而有之蓋益以益下為本本固則無所不利此所以行則利往濟則利涉也大傳曰益以興利詎不信夫

歸奇於扐以象閏五歲再閏故再扐而後掛乾之策二百一十有六坤之策百四十有四凡

三百有六十當期之日

張山

同考試官訓導王　批　櫽括傳註成文殊勝他作驊騮出而馬群空頗不偉歟

考試官教諭柴　批　蓍法一題衆所忽者惟此作得之

考試官學正吳　批　能說出理數之奇可稱佳作

聖人即歸餘蓍數以象月之閏合乾坤蓍數以象歲之閏蓋蓍策之數與天地之數無往而不合也然皆出於理勢之自然豈人之智力能損益哉且夫揲蓍

之法既虛而分既掛而揲各有象矣至歸奇於扐復
何所象哉盖四數兩手之策必有奇餘之數或一二
焉或三四焉左手者歸于第四第三指之間以象夫
三歲之一閏右手者歸于第三第二指之中以象夫
五歲之再閏五歲之中凡有再閏然後別起積分故
五者之中凡有再扐然後別起一掛聖人即歸餘蓍
數以象月之閏者如此若夫揲蓍三變之末餘三奇
則九其過揲之策亦四九三十有六以此計乾之六
爻則得二百一十有六焉餘三偶則六其過揲之策

亦四六二十有四以此計坤之六爻則得一百四十有四焉然總計乾坤之策有三百六十之數而周歲之間由春而夏自秋而冬日亦三百六十而是策足以當之又非聖人合乾坤蓍數以象歲之周乎雖然蓍數與造化相準不但是也就此章論之由虛一而歸奇乃天地四時生萬物者也用奇數策數以定陰陽老少又萬物各正性命於天地者也吁蓍策造化妙契无間非翼易聖人發明於大傳其孰能知之

導沇水東流為濟入于河溢為滎東出于陶丘北又東至荷又東北會于汶又北東入于海

邢端

同考試官訓導羅　批場中作者多為題所縛是篇深合題意蓋嘗用心於禹貢者歟

考試官教諭柴　批舖敍有條筆勢不窘可取

考試官學正吳　批場中作此題詞多艱澁惟此篇暢可觀當是作者

聖人於濟水必濬其源之發而順其流之歸也蓋濟

水發源於沇而歸宿于海也非聖人濬其源何以得順流而歸于海哉自今言之治水莫先於隨山亦莫先於濬川而禹也施濬川之功尤必先於發源之地焉是故王屋之山泉源所出沇水也濬而滌之則有以去其壅塞矣然發源爲沇既東爲濟而入于河濟水勁疾潛行絶河南溢而爲滎蓋河瀆名也而滎即滎波之滎乎自滎而出于陶丘北濟水至是常見不伏又東而至于菏蓋陶丘地名也而菏即菏澤之菏乎濟水至菏豈但止於是哉又東北而會于汶夫濟

汝二水昔也固嘗同流而異派今則勢均相[illegible]會合而為一矣濟水會汝豈終于此哉又東北而入于海夫海所以納百川向也濟固顯伏而不常今則以小入大朝宗而有歸矣是則濟水若斷若續而同一其源流必至于海而後已或見或伏而同一其脈絡必有所止而後已聖人導水之條例史臣得不詳記之哉抑考禹貢導水九條或先言山而後水或先言水而後山說水獨不言山何耶蓋先言山而後水者以水之源出於山也先言水而後山者以水之源非出

於山特自其山以導之耳況水不言山者況水伏流其出非一故不誌其源也此禹貢立言之法也不可不知

政貴有恒辭尚體要不惟好異商俗靡靡利口惟賢餘風未殄公其念哉

王綸

同考試官訓導羅　批　文詞簡切優於他卷可取

考試官教諭柴　批　理明詞順宜用錄出

考試官學正吳　批　題不難惟作者多紛紛無卷旨理明

詞順僅見此篇

賢君於大臣也既欲重治體而守常常復欲因習俗而致慮蓋治體之大在守常而俗之不美所當慮也聖君於大臣何其戒之切而望之深歟昔康王命畢公若曰公茲保釐東郊必有政以乂其民也政必貴於有恆焉政惟有恆則純清而不擾矣公從撫殷遺民必有辭以播告于下也辭必尚乎體要焉辭惟體要則典重而不浮矣然政不可以好異也使其異而是好則悅須臾而厭持久政安能有恆乎辭不可以詳

異也使其異而是喜則言有餘而理不足辭安能體要乎矧商之頑民其俗委靡而盜言孔甘惟以爲賢昔周簡脩進良矣其餘風猶未息也公可不爲之慮哉洛之遷民其習流蕩而巧言如簧自以爲能合雜世變風移而移習猶未泯也公可不爲之念哉使誠能以此爲念則政無不成而民無不化此康王所以望畢公之意歟大抵政令之臧否民俗之美惡皆大臣一身之繫焉且畢公四世元老德業之隆聞望之尊何政辭之不善民俗之不可化也康王之致告戒

如此厥後道洽政治澤潤生民以收成終之效謂非得於告戒之力耶

詩

蓺之荏菽荏菽旆旆禾役穟穟麻麥幪幪瓜瓞唪唪誕后稷之穡有相之道茀厥豐草種之黄茂

陳鼎

同考試官訓導夏　批析理詳明措詞簡當宜居高選

考試官教諭棠　批平順可取

考試官學正吳　批生民一題寓由后稷以配天之由佳作也

聖人之種殖地利者既致生意之盛聖人之相助地利者必盡農事之宜夫種殖而致地利之盛者固由於天性之自然也相助以盡農事之宜者豈非其賛化育之道乎思昔周公制禮尊后稷以配天故推本而言之若曰后稷當夫岐嶷之時而已好夫種殖之事其始而種之以荏菽則荏菽之生旆旆然而枝旟揚起矣繼而樹之以禾稼則禾稼之盛穟穟然而行列美好矣曰麻曰麥雖彼此之異類莫不幪幪而茂

瓞曰瓜曰瓞雖小大之異名莫不唪唪而多實夫后稷之種殖如此者非由於習而後能也蓋出於天性之自然耳夫幼時而好種殖固由其所禀之異及為成人而教稼穡又能盡夫人事之宜是以人見其穡之盛者莫不以為生物自然之性而不知其能盡人力之助也人見其穡之美者莫不以為天地生成之功而不知其能盡相助之道也然所以相之者蓋以豐草之蕪穢所以妨穀者也則必茀治之而後得以布其嘉穀焉豐草之蒙密所以害苗者也則必芟刈

之而後可以種之黃茂焉夫后稷之穡如此者非包易而為之也蓋盡乎人力之助耳抑考思文之詩有曰粒我烝民莫匪爾極貽我來牟帝命率育凡吾民得以遂其粒食之願者何莫而非后稷之所賜哉故帝堯以其有功於民而封於邰也周公制禮尊后稷以配天而追言及此不亦宜乎

率履不越遂視既發相土烈烈海外有截帝命

不違至于湯齊湯降不遲

朱鼎

同考試官訓導吳　批場中作者迭迭不切惟此篇[illegible]能[illegible]明宜取以為本房之冠

考試官教諭柴　批旨明詞順宜在高選

考試官學正吳　批詞簡而意足可薦何黍

君德感人而後王之興廣其業上天眷德而聖人之生應其時夫德者得天感人之本也今前王之德既足以感人得天而廣其業矣則聖人之應期而生者又豈偶然者哉且夫玄王之生也既異於人而其德也必由乎禮是故動而皆理也有典有則不違乎矩

範焉行而皆法也可儀可式不越乎禮度焉是以遂視其民而民之得於觀感者莫不起而應之以上臨下而人之獲夫瞻仰者靡不順而從之矣玄王往矣相土繼之其王業至此時也益烈烈然而光大其國勢於斯時也愈赫赫然而明顯於是諸侯雖衆無不帖然而來歸海外雖遠罔不截然而整齊矣夫人心之所在即天命之所歸是故時雖有先後而皇矣上帝所以眷顧於有商者不以先後而或殊世雖有遠近而彼蒼者天所以默契於商家者不以久遠而或

閒是以天命方集於商也適遇湯之生天命至此而才集王業方歸於商也適遇湯之出王業於此而有成故湯之生也不先時而早焉不後時而遲焉天人符合之妙不期其同而自同彼此感遇之機不期其會而自會故曰湯降不遲良有以夫抑考是詩序以為大禘之詩或又以為祫祭之詩首章言濬哲維商長發其祥所以見湯之有賢君也次章言玄王桓撥又言以見湯之有武德也至此又言相土之興有以大其王業下章又言成湯之生有以合乎天命下章又或

言湯之載旆秉鉞又或言伊尹之阿衡左右一詩之中反覆詠嘆之不足登歌之際洋洋盈耳爲商之後王者寧不有感于中乎

春秋

春王正月（隱公元年）滕子來朝（桓公二年）荊人來聘（莊公二十三年）公會晉侯齊侯宋公蔡侯鄭伯衛子莒子盟于踐土　公朝于王所（僖公二十八年）天王使宰周公來聘（僖公三十年）

李瑶

同考試官教諭徐　批　此篇能以黜陟朝聘立說卓有定見置之高選允合與情

考試官教諭崇　批　義理純正詞氣森嚴不啻瓊杯玉斝爛然可珍

考試官學正吳　批　議論英發文氣老成場中似此者可多得也耶

王道明而黜陟之典行於內外王室尊而朝聘之禮通乎上下此聖人作經之用晉文尊周之效皆春秋之義事也嘗昔周綱陵夷侯度紊壞王道不明久矣

尚望其行黜陟之典哉故夫子作經首書春王正月著明王道也以王次春示人君當法天時而賞罰非天不行也以正次王戒諸侯當遵王朔而政教非王不舉也大一統之義著君天下之體存王道於是明矣惟其明王道故滕以侯爵之邦首因朝桓而稱子黜之也黜之何如桓以不義得國滕之朝即黨惡矣則必奉天討以行罰焉荊本蠻夷之國繼因聘魯而書人陟之也陟之何如魯乃文獻之邦荊之聘為慕義矣則必奉天命以行賞焉黜陟之典行於內外如

此豈不由王道明乎若夫齊桓既往中國無伯王室不
尊甚矣況望其行朝聘之禮哉故晉文主盟而有踐
土之役者尊王室也獻俘衛雍非誇也所以致敵愾
之功要言王庭非慢也所以伸同獎之約尊卑之分
明上下之禮定王室於是尊矣惟其尊王室故魯僖
以秉禮之君率列辟爲王所之朝是朝之感於義也
不然踐土以前玉帛之覲何一不見于周歟宰閱以
三公之貴銜王命爲聘魯之舉是聘之激於伯也否
則王所之先周之命使何一不遣于僖歟朝聘之禮

通乎上下如此豈不由王室尊乎雖然以事功論之則文或可與夫子比擧道德論之文豈終夫子匹哉觀其明王道而卒有以感天道故西狩之麟自至尊王室而終有以慢王室故翟泉之分遂犯此王伯所以異者在此與

宋公齊侯遇于梁丘（莊公三十二年）齊侯宋公江人黃人盟于貫（僖公二年）齊侯宋公江人黃人會于陽穀（僖公三年）遂伐楚　楚屈完來盟于師盟于召陵　齊人執陳轅濤塗　及江人黃人伐陳

公孫茲帥師會齊人宋人衛人鄭人許人曹人侵陳（僖公四年）公及齊侯宋公陳侯衛侯鄭伯許男曹伯會王世子于首止　諸侯盟于首止　鄭伯逃歸不盟　楚人滅弦（僖公五年）楚人圍許（僖公六年）

馬惇

同考試官教諭徐　批場中作是題者率皆分截而明獨此深得其旨宜冠本房

考試官教諭柴　批伯業譎驕人心向背之機也此作善於

形容允爲佳士

批 斷制明而筆力從嘉麟經中蒔得出者

考試官學正吳

伯德謙而人心從遂致外夷之服伯志驕而人心違復啓外夷之橫此齊桓謙以得諸侯而制楚驕以失諸侯而縱楚也春秋備書以示勸戒何其至歟且齊桓之圖楚也非一日矣使桓驕以處己則人心不服其事有能集乎故梁丘之遇資宋以謀鄭序爵以尊宋不敢以勢而驕人惟欲先彼而後己桓德一謙人心大順始焉盟貫澤而宋公江黃自來繼焉會陽穀

而宋公江黃復至內舉上公之宋則諸侯無有不服外言遠國江黃則小大無有不孚人心從矣伯討舉焉由是征貢之師方抵于江漢而請盟之使遂致乎屈完退舍召陵而盟禮定强楚貼服而中國安書曰謙受益桓於此得之矣謙德之效至是盛矣使公善於持久則人心自固其事有不終乎何乃怒陳誤軍既執濤塗而復伐以江黃之師未及旋踵而又侵以大夫之衆楚畧無亡矢遺鏃之費陳反被拘執侵陵之患桓志一驕人心解體首止之會尊世子也而鄭伯卒

不與同坐之盟翼王儲也而鄭復見逃蔡不與則諸侯無宗伯之心鄭見逃則列國有去齊之志人心違矣楚復橫焉故滅弦之舉敢為中國之抗圍許之役以兆此圖之機諸侯自救之不暇而桓伯為之寖衰矣書曰滿招損桓於此失之大抵人道惡盈而好謙理之常也桓一謙盈而人心所應如此信不誣矣亦豈不由管仲諫否於其間哉始也桓之謙仲必能諫故君臣俱有謙亨之道終也桓之驕仲不能諫故君臣俱墮驕盈之域立心既殊得效亦異此夫子所以

大齊桓之功而小管仲之器者有以夫

禮記

制三公一命卷若有加則賜也不過九命

楊溥

考試官教諭柴 批 禮經義貴典而有則此作得之

考試官學正吳 批 場中作此題者多體認不真此篇

能以詞達理蓋經中之優者

論大臣命服之制加隆出於恩錫分限不可有踰蓋

三公有命服之常制也然而特恩有加亦止於九命

天豈可乂有所踰哉記王制者謂夫先王建官而有三公太師太傅太保是也論道經邦任亦大矣爕理陰陽職亦重焉命以授爵而其制膺八命之榮服以顯庸而其制用鷩冕之章若其有一命之加則至於九命之等處上公之位而服有降龍之衮冕同王者之後而被無升龍之衮服若為三公而有衮冕之加者是出於特恩之賜豈八命當然之例乎如為三公而有衮服之增者乃由於異寵之錫豈鷩冕當用之制乎然人臣命數止於其九自五命至於七命固有

可進矣至於九命之分則截然不可有踰焉自七命至於八命尚有可加矣至於九命之等則斷然不可有過焉此先王命服之制所以優待大臣而致謹於名分之際者何其至歟抑觀古者設官之制其爵以五其命以三自上公九命以及子男之五命自上公衮冕以及子男之毳冕所衣之服必從其命其命不差則其服不僭此先王所以正名分而章服采也讀者宜通考之

閏月則闔門左扉立于其中皮弁以日視朝遂

以食日中而餕奏而食日少牢朔月大牢五
飲上水漿酒醴酏
李介
考試官教諭桀
批 是篇以居養爲主而行文條非他卷所及
考試官學正吳
批 此篇能櫽括傳註組織成文且詞氣春容可以想見其人矣
人君聽朔而因時所居異其常人君視朔而因時所
養異其宜蓋人君之居養惟視時之何如耳閏月以

聽朔則所居異其常矣視朝而就養又豈不因時而
異其宜哉記玉藻者知其然謂夫天度運行餘分所
積三歲一閏五歲再閏而閏月有焉人君聽月朔之
事就明堂之室闔門左扉而由其右立于其中而無
所偏闔扉必於其左者以左爲陽以陽爲正則所居
之異常矣立必於其中者或於太廟或於旁室則以
居爲之位矣然所居之禮如此而所養之禮何如是
故人君服皮弁之服視常日之朝不敢慢於所養也
遂用禮朝之服而食焉不敢厚於所養也日中之食不

別更造乃朝食之餘焉和其心志而助其氣體又必作大音樂以侑之焉常日所舉唯具羊豕之少牢非儉也宜也月朔爲重備牛羊豕之太牢非奢也稱也五飲之品以水爲上非以本始爲貴乎漿酒醴酏以次而列非以清濁爲序乎人君聽朔視朝順天時而居養如此可謂盡其禮矣大抵人君一身居九重之尊爲萬民之表苟非以禮自防則無以正心以正朝廷而正天下矣故居養無時不在乎禮而下文又曰動則左史書之言則右史書之其謹於禮至矣哉

論

德主天下之善

敖山

同考試官訓導周　批：作此論者多不能體認主善之旨，晚得是篇，立論正大，造詞精當，誠場屋中之巨擘也，宜置諸高選，公論攸歸。

考試官教諭柴　批：闡理既精，綴文亦醇，宜為通場之冠。

考試官學正吳　批：析理詳明，遣詞敷暢，其論中之優者乎。

舉天下之善，足以該之者德莫大焉。而謂德主天下

之善何也蓋德為善之總稱善乃德之實行德主於
善則德之見於行者無不實善無不主則德之萃於
己者無不成德而不主於善焉則無以得一本萬殊
之理而德非其德矣此德所以必主於天下之善也
與夫所謂德者原於天而具於人也仁義禮智其德
之大端與然仁不徒仁必散於事而為仁之善則自
親親而仁民而愛物皆是也義不徒義必散於事而
為義之善則自從兄而敬長而尊賢皆是也以至賓
主之敬夫婦之別而凡齊莊中正者何莫非禮之善

乎是非之明賢否之辨而凡文理密察者何莫非智
之善乎然四德不主於善則無以得一本萬殊之理
仁焉或流於姑息義焉或至於無恥與夫禮與夫智
亦未必不為苟簡之行術數之陋也是豈所謂德哉
所貴乎德者亦惟以善是主焉仁主仁之善則凡親
親仁民愛物之類皆吾所當擇而自無姑息之弊仁
之德不全於我乎義主義之善則凡從兄敬長尊賢
之事皆吾所當取而自無無恥之患義之德不備於
我乎禮之德何所主主乎齊莊中正而苟簡之行不

形於身體也智之德何所主主乎文理密察而術數之陋不萌於心思也博而取之不使一善之或遺精以擇之罔俾一行之或乖善隨所主而愈多德由所主而益大將見原於天而具於人者有以復於我矣主善之功其可少耶至哉張子之言發于正蒙實所以明伊尹告太甲之旨彼謂德無常師主善為師即此德主天下之善與彼謂善無常主協于克一即下文所謂善原天下之一與德不主善無以得一本萬殊之理善不原一無以達萬殊一本之妙博而求之

於不一之善約而會之于登一之理此聖學始終條理之序與夫子所謂一貫者幾矣可伊尹張子互相發明然亦可見心契之妙千載之下同一歸矣

表

擬

車駕幸太學謝表　　趙潤

同考試官教諭徐　批得駢儷之體

考試官教諭棠　批表典雅

考試官學正吳　批表可觀

伏以
六龍啓運人心仰
聖作之睹
萬彙垂光吾道協文明之應懽騰中外喜溢臣工
玆蓋伏遇
○○○○
聖由天縱
德與日新曩在
青宮孝友遠聞于四海既登

寶位仁恩覃及於兆民繼體守成崇儒重道首
幸太學敦奬教之本原
躬謁
聖師尊帝王之楷範
駕陳鹵簿光添璧水之門墻
香覆袞衣輝耀大成之殿廡瞻
天顏于尺地荷
寵賚于一時
盛代奇逢斯文至幸臣某等才猶樗櫟會際風雲

既叨列職清班素無補報復覩
太平優典莫罄揄揚伏願
宗社奠安文運與世運而俱泰
皇圖鞏固
聖壽同
國壽以無疆臣某等無任瞻
天仰
聖激切屏營之至謹奉
表稱

謝以

問

策

第一問

同考試官訓導羅

考試官教諭棠

考試官學正吳

批考據詳明條答通暢宜充此選

批恤刑獨爲救時急務今得此用心於律者

批此篇歷代恤刑之意深得陶雅之定固

論治詳明學識兼優場中鉅擘舍子其誰

王綸

考帝王愛民之道必觀帝王恤刑之言觀帝王恤刑之言必原帝王恤刑之心得其心則知帝王之用刑誠有出於不得已者何古今之間哉執事策承學以恤刑之說亦可謂仁於用心矣敢不摭所聞以對竊惟自古帝王欽恤刑罰蓋以法者人之命刑者國之拳苟或失其科條則民固難措手足矣欽惟

太祖高皇帝御極之初即

命相臣詳定律令以為長久之法欽恤之見于書

者至矣
太宗文皇帝因法司奏大辟復聽寃抑自陳欽恤之
形于言者深矣
宣宗章皇帝御製五倫書頒行天下中載古今恤刑
之意以昭鑒戒欽恤之典至是備矣
列聖好生之德何前後一轍與夫恤刑之條首載虞
舜欽恤之戒所以示萬世用刑當以舜爲法終載
仁宗昭皇帝帝王愛人爲德之訓所以示後代用刑
當以

祖為法出見罪人下車泣之大禹之心也較之帝舜
刑期無刑之心一焉一物乖所納隍與虞唐高
祖之心也比之帝舜好生之德似焉刑罰不中
民無所措手足者孔子嘗言之矣厥後一見于
光武建武二年之詔再見于章帝建初五年之
詔三見于宋仁宗慶曆三年之詔焉彼三君者
德雖不同而同一欽恤之心死者不可復生淳
于意少女嘗陳之矣厥後景帝詔開於元年而
宋太祖興國之詔亦以此不惟漢宋二代而我

太祖勅諭刑部亦以此古今
帝王時雖有異而同一欽恤之念方今
皇上嗣登
寶位勵精圖治萬幾之中尤重恤刑屢
詔有司務行寛恤天下生民何其幸與愚也仰承
寶訓朝夕欽誦嘗拜手稽首而言曰大哉
王言一哉
王心使有國體此足以仁一國有天下體此足以仁
天下掌刑者體此亦無不可仁其民矣愚他日

倘得進用敢不恪遵
成憲刑期無刑皐陶可學也天下無冤民張釋之
于定國亦可學也竊有志焉幸進教之謹對

第二問

敖山

同考試官訓導周　批　發明誠敬之旨殊勝諸作非熟於性理之學者不能擢居魁選誰曰不宜

考試官教諭柴　批　經理條對不爲問目所窘可嘉可嘉

考試官學正吳　批　誠敬所求善於條荅其篤學之儁者乎

聖賢之垂訓者其言雖博而要有所在先儒釋誠敬者其說雖異而要有所歸蓋知要則足以盡博矣使徒博而不求其要則垂訓之言釋經之旨烏得而明哉執事發策以大學中庸之要歸為問愚雖不敏敢不摭所聞以對昔曾子述孔子之意而作大學子思憂道學失傳而作中庸實聖賢傳授心法之書也大學經傳十一章固為博矣然為之要領者非敬乎中庸三十三章雖亦博矣然為之樞紐者非誠乎夫敬為大

學之要領至傳之三章始言緝熙敬止者蓋此
章之前首言明德新民皆本乎此敬次言格致
誠正不外乎此敬敬其貼於此歟誠爲中庸之
樞紐至傳之十六章始言誠不可揜者蓋此篇
之首先言性命道教而實理之體用備次言存
養省察而實理之體用全誠其肇於是歟先儒
之釋敬也程子曰主一無適言內當專一不可
雜以他念也曰整齊嚴肅言外當尊嚴不可干
於非僻也至其門人謝上蔡謂是常惺惺法者

蓋言心無昏昧散而明也尹和靖謂其心收斂不容一物者蓋言心無動擾敬而專也凡此無非明敬之義求其至切而該乎衆說則莫如主一無適之一言矣先儒之釋誠也李邦直則以不欺言即誠之者人道之意徐仲車則以不息言近至誠無息之意至於程子又以無妄言者得非以天所賦物所受之正理自然而無僞者乎朱子又以無妄加之比之程子之言豈不尤爲親切者乎凡此無非明誠之義求其至要而

兼乎衆論則豈若真實無妄之一言矣先儒發
釋誠敬如此豈有他哉無非欲學者收斂畏懼
以致夫主敬之功真實不欺以盡夫立誠之方
既不可以敬為急而誠為緩亦不可以誠為先
而敬為後要當交致其力焉雖然誠敬固見於
二書而切於學者然泝其源流則莫先於敬授
人時敬之始也商書言享于克誠誠之始也愚
生於聖賢誠敬之門未知所從入敢不佩服紫
陽朱夫子誠敬之箴以自警哉條答如是未知

是否惟執事進而教之

第三問　　朱鼎

同考試官訓導夏　批叢簡贍明答書實用於發揮學者也

同考試官訓導吳　批該於考據善於敷陳置之選人物與情

考試官教諭桀　批歷陳科目事實而責在得人有識之士也

考試官學正吳　批善答問策學之優者也

前代之設科有異制前代之取士無定法夫設科取士無非欲得實才而已又豈拘於一定之

法哉執事發策舉以為問甚盛心也愚不敏敢
不悉心以對且明經進士肇自于古至隋唐而
始盛自宋熙寧以後王荊公以經義試進士於
是明經始廢而進士獨行此其大畧耳進士之
科唐宋兼用然在唐為輕在宋為重三十老明
經五十少進士此唐人語也以此知進士為劣
而明經為優矣焚香禮進士撤幕待經生此宋
人語也以此知經生為輕而進士為貴矣然有
疾進士浮藻而屢請罷之者則有唐之鄭覃又

有論進士不根藝實而建議以罷之者則有唐之李德裕且以進士科條論之唐試以詩賦策論至宋熙寧中加以經義之制唐臨軒試以詩賦至宋熙寧時始定策試之策糊名之法舊未有也自淳化一行而諸州糊名遂始于明道易書之條昔未行也自祥符一舉而諸州易書即昉于景祐傳義匿服之有禁始自雍熙天禧之時也冒貢挾書之有條昉於慶曆祥符之間也封印卷首則因温仲舒之言而行嚴禁秉燭則

由咸綸之議而舉雖然科目之嚴固在於得人而得人之賢不必乎泥法觀張齊賢受知太祖未及用也太宗則擢自下第而遺言是遵蔡齊偉有儀狀方與選也真宗則拔居首選而德容是重何嘗拘於法乎懷州發解素已銓次則歐公之於王尚恭可謂公矣大名舉子自相推先則寇準張詠之於張覃可謂學矣何嘗泥於制乎大抵法有一定而在人者過甚法人有賢否而拘法者失其人此亦在人處之何如耳惟得

賢足矣愚生狂斐敢以是陳于執事而請質焉

第四問

敖山

同考試官訓導周　批　五策皆發議明白此策議致理學詳精粹渙作是宜錄出以為諸式高撫風宜居首選

考試官教諭柴　批　答理學策者率多騰說殊爲可厭此篇反覆辯證之皆有所據宜取之以冠多士

考試官學正吳　批　理學一問最難觀諸子作鮮有明暢中肯者甚矣此篇詞理俱到節節精覈讀之令人躍然

理寓于造化者有難窮之妙理載于簡編者有可究之由蓋造化皆理之所寓也然造化之理既微妙而難窮自非著之于書又烏得而可究哉張氏子韶述理學類編意蓋如此今承明問所及請述之以對可乎且理學一書輯為五類類各有目目各有說天地者陰陽之體故居是編之首鬼神者陰陽之用故居天地之次人物則陰陽之氣聚而成形者所以次鬼神性命則陰陽之理賦而為性者所以次人物至於異端

則非理之正關之然後可與論理故以之終編焉次第之目得無義乎太極即陰陽之理雖不離乎陰陽而亦不雜乎陰陽自易有太極發于孔子而説者不一有以爲道在太極之先莊子之説是也有以爲天地未分之前元氣混而爲一孔氏之論是也至周子始言理而作圖説朱子東釋理而述圖解此兩説爲最精焉議論得失寧不殊乎方天地未闢陰陽之氣混合幽暗及其已闢寬闊明朗兩儀始立開闢變化無有

終窮觀夜而晝晝而夜則循環之理可知矣物之初生其形皆水水生於陽而成於陰氣始動而陽生氣聚而靜則成水觀人之哀心動而淚愧心動而汗則天一生水可驗矣東北屬陽西南屬陰陽唱陰和故雨陰唱則陽不和故不雨然則長安西風而雨者豈亦山勢使然乎陽唱陰和流而為雨固和之所致陽為陰累相持為雨亦氣之所為然則龍亦能致雨者豈非氣類相感乎雷者陰陽相擊本氣也至有破山壞廟

折樹傷人者蓋謂氣鬱而怒方爾奮擊偶或值之則遭震矣是豈神物所主哉雷者陰陽相軋亦氣也或有閃爍激疾如金蛇飛騰之狀者蓋謂光之發也惟光耳適映雲際則如是不當乎雲之際而在同雲之中則無是矣又豈形性可疑哉以陰陽言陽善而陰惡非象類乎陽客而陰主非動靜乎如夫婦男女東西南北則陰陽之對待也春夏秋冬弦望晦朔則陰陽之錯綜也以五行言以質而語其生之序則曰水火木

金土而水木陽也火金陰也以氣而語其行之序則曰木火土金水而木火陽也水金陰也統而言之則氣陽而質陰錯而言之則動陽而靜陰造化之理豈不備見于是哉雖然儒者之學貴乎窮理故程子有曰物必有理皆所當窮朱子亦曰格物致知之學與世之博物洽聞者異愚也明不足以窮理識不足以格物其於儒之訓竊有志焉謹對

第五問

趙潤

同考試官教諭徐　批　此策條答詳明文亦豐贍足見學識

考試官教諭柴　批　事實不遺斷制有識善於策者

考試官學正吳　批　歷代講武之制悉能條答必嘗用心於武事者矣豈但援事于俎豆而已哉

國家之重務莫先於武備歷代之講武莫善於成周甚矣武備國之大事也武備不脩無以應不虞之用脩武備者豈可舍成周之善而事乎漢唐宋哉執事舉此爲問誠切要也愚敢不悉

心以對乎且當天下無事之日不可忘武備之
脩武備脩則教閱有方以資緩急之用講習有
素以爲備禦之計國家久安長治基于是矣考
之成周春振旅以蒐夏茇舍以苗秋治兵以獮
冬大閱以狩其辨名號也則有縣鄙家鄉官野
之異其辨旗物也則有諸侯軍吏鄙野之殊是
內外之制各隨時以教閱也四時皆講其隸之
也精內外遞教其用之也利此成周所以得講
武之善歟秦不師古隸兵之法間見秋冬而四

時之制遂廢教閱之制惟行中都而內外之教
遂寖漢承秦弊其法稍具在孟秋也則乘輿御
戎路執弓射牲齋束帛賜武官俾隸孫吳之法
習戰陣之儀在十月也則車駕幸長安水南門
會五營之士為八陣之法非內有乘之之制乎
在諸郡則每歲八月有郡守都尉課都試之功
凡車騎材官樓船各習焉在王國則講武之秋
有內史中尉行都試之事凡平時皆不擅發焉
非外有都試之法乎李唐之世定府兵之制三

時務農一時講武太宗嘗較射于顯德殿而高
宗則講于并州城北非特二君之講而玄宗又
講于驪山下焉唐之講武大畧可見矣循至有
宋藝祖鑒前代之弊收藩鎮之兵其講也有素
其練兵有法四時講武之儀著于開寶通禮嘗
親閱西郊矣而又習戰于朱明池既習戰朱明
池矣而又閱兵于講武殿焉宋之治兵大率可
知矣夫漢唐宋以來講武之制或密于內而跡
于外或得于此而失于彼互有優劣未暇悉論

較之成周有合焉者則槩乎其未聞也迨我
聖朝重熙累洽邦本安固本無俟于用武矣然
國家有安不忘危之慮兼文武並用之制內則有
親軍總戎之寄外則有都司衛所之設御將有
道而無不能之將訓兵有法而無不教之兵平
時則嚴豫習之方遇警則有取捷之效法制周
密固非漢唐宋踈闊之比仁義為本是即成周
用兵之道偉哉講武之善千萬世無以加矣嘗
聞孔子曰有文事者必有武備非文無以附衆

非武無以威敵尚文德君子豈可誣之曰軍旅之事未之學也愚竊有志於此幸執事不鄙而進教之

山東鄉試錄後序

國朝法古為治三歲一賓興賢
能而進用之蓋以之輔治化
也

列聖相承益隆其制百年之內譽
髦奮興布列中外所以闡
鴻猷而宣教化者率由是出

皇上出震繼離一新治化
御經筵以緝熙聖學
幸太學以丕崇文教優獎忠良
黜汰貪墨舉一世而轉移之
無非為治道計也至於賓興
之典尤注意焉迺成化紀元
之秋適賓興其時山東藩憲

重臣遴行惟謹於是士之挾
筴而就試者餘千人以八月
壬午入院自甲申至庚寅凡
三試之衆至考訂務恊于公
遂循定額而次其氏名摘其
文之優者萃成一錄僉謂璇
宜序諸後肆惟

國家賓興即成周命鄉論秀之
制蓋先之以德行而文藝次
之然德者道之得於心而文
者德之形於詞也不明於道
德而能暢於文者未之有矣
令諸士誦法周孔遨遊藝林
日月刮劘養之有素一旦掉

鞅文場珊中彪外即其文而得其所蘊固有以見其明於道德矣行將捷春闈對

大廷得雋蜚英以膺爵祿有日矣然亦思精脩實踐見諸功業以副其名可乎夫麒麟鳳凰世之所貴者非以其文采

之華鱗角之秀有以爲人之
瞻視也以德故耳所貴乎士
賔而興之者良以其道足以
臣
君德足以利物而天下有所賴也
苟或名浮于實一無所見獨
不負所以賔興之意哉璇無

似濫竽較讐之末於諸士為
知己故不以歆艷而以規勸
云
直隸寧國府宣城縣儒學教
諭柴璇序

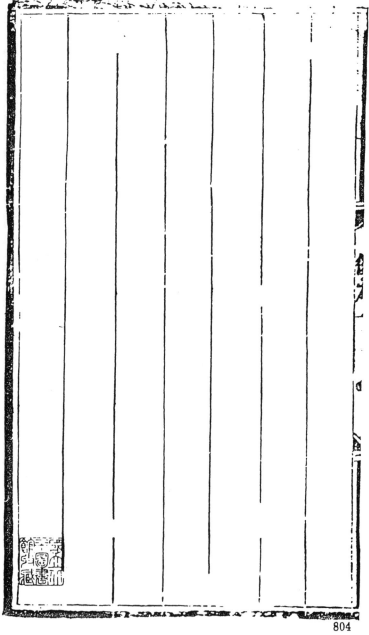

皇帝制曰朕紹承大寶

圖厎丕平雖宵旰

勤勵然績效罕著

略舉其端諭尔多

士擇材於文以理

民援功於武以馭
兵也今銓衡塗壅
衛所貪濫奚以疏
通之昔人所謂名
利相均虛實相濟

可推廣而施歟歲無常稔者天之道土有常懷者人之情也今歉則糴貴貧則民徙奚以綏

輯之前代所行常
平有法均田有制
可稽倣而為歎夫
兼資文武以周一
世之用裁成天地

以遂萬姓之安固
濟時切務也若乃
致治大道必有至
言古之臣獻言於
君或得聖道之經

而流於迂或得聖

道之權而流於詐

或辯矣而術不窑

或智矣而文不及

今尔多士陳四者

之務必宜于時矯
四臣之偏必合于
道朕將覽而資治
焉

成化五年十三月十五日

成化五年進士登科錄

玉音

成化五年三月十一日禮部尚書臣姚夔等於
奉天門
奏為科舉事會試天下舉人取中二百四十七名
本年三月十五日
殿試合請讀卷及執事等官太子少保吏部尚書
兼文淵閣大學士等官彭時等四十九員其進

士出身恭依
太祖高皇帝欽定資格第一甲例取三名第一名從
六品第二第三名正七品賜進士及第第二甲
從七品賜進士出身第三甲正八品賜同進士
出身奉
聖旨是欽此

讀卷官

資善大夫兵部尚書兼翰林院學士商輅 乙丑進士
資善大夫吏部尚書崔恭 丙辰進士
資善大夫戶部尚書楊鼎 己未進士

資政大夫太子少保兼兵部尚書白圭 壬戌進士

資德大夫正治上卿刑部尚書陸瑜 癸丑進士

資政大夫工部尚書王復 壬戌進士

資善大夫都察院右都御史林聰 己未進士

資善大夫都察院右都御史項忠 壬戌進士

通議大夫禮部左侍郎兼翰林院學士劉定之 丙辰進士

中憲大夫通政使司左通政楊繇 辛酉貢士

中憲大夫大理寺左少卿喬毅 戊辰進士

奉訓大夫翰林院侍講學士丘濬 甲戌進士

提調官

資德大夫正治上卿禮部尚書姚夔（壬戌進士）
嘉議大夫禮部左侍郎萬安（戊辰進士）
嘉議大夫禮部右侍郎葉盛（乙丑進士）

監試官

文林郎山東道監察御史張海（庚午貢士）
文林郎福建道監察御史陳相（庚辰進士）

受卷官

奉訓大夫左春坊左諭德兼翰林院脩撰王獻（辛未進士）
翰林院脩撰承務郎鄭環（庚辰進士）
承事郎禮科都給事中魏元（丁丑進士）

徵仕郎吏科左給事中程萬里丁丑進士

彌封官

亞中大夫光祿寺卿劉璉乙丑進士

中憲大夫鴻臚寺卿楊詢監生

中順大夫鴻臚寺卿楊宣甲戌進士

中順大夫太常寺少卿林章儒士

奉議大夫尚寶司卿楊禀儒士

承事郎戶科都給事中丘弘甲申進士

承事郎兵科都給事中秦崇庚辰進士

掌卷官

奉議大夫左春坊左庶子童緣 辛未進士
翰林院脩撰承務郎耿裕 甲戌進士
承事郎刑科都給事中毛弘 丁丑進士
承事郎工科都給事中高斐 甲申進士

巡綽官

鎮國將軍錦衣衛掌衛事都指揮同知袁彬
懷遠將軍錦衣衛指揮同知焦壽
明威將軍錦衣衛指揮僉事趙能
明威將軍錦衣衛指揮僉事馮珪
明威將軍錦衣衛指揮僉事朱驥

明威將軍金吾前衛指揮僉事萬友
昭勇將軍金吾後衛指揮使陳隆
印卷官
奉訓大夫禮部儀制清吏司署郎中事員外郎彭孝充 丁丑進士
奉訓大夫禮部儀制清吏司員外郎樂章 丁丑進士
承直郎禮部儀制清吏司主事高岡 甲申進士
承直郎禮部儀制清吏司主事趙繹 庚辰進士
供給官
奉議大夫光祿寺少卿陳鉞 丁丑進士
光祿寺寺丞秦玘 甲戌進士

禮部司務　時中 庚午貢士

奉議大夫禮部精膳清吏司郎中楊琛 甲戌進士

奉訓大夫禮部精膳清吏司員外郎李温 庚辰進士

承德郎禮部精膳清吏司主事謝弁 官生

恩榮次第

成化五年

三月十五日早諸貢士赴

内府

殿試

上御

奉天殿

親賜策問

三月十七日早

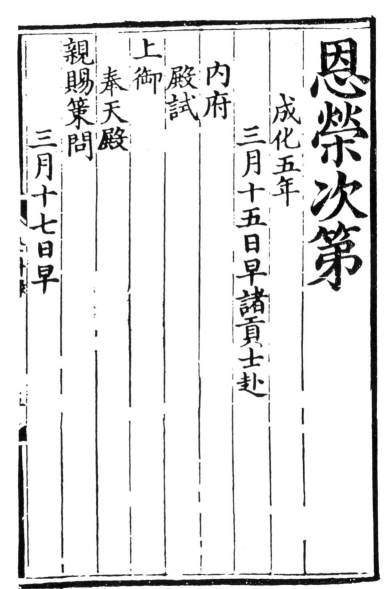

文武百官朝服侍班是日錦衣衛設鹵
簿于
丹陛丹墀内
上御
奉天殿鴻臚寺官傳
制唱名
禮部官捧
黃榜鼓樂導引出
長安左門外張掛畢順天府官用傘蓋儀從送狀
元歸第

三月十八日
賜宴於禮部宴畢赴鴻臚寺習儀
三月十九日
賜狀元朝服冠帶及進士寶鈔
三月二十日狀元率進士上
表謝
恩
三月二十一日狀元率進士詣
先師孔子廟行釋菜禮
禮部奏請

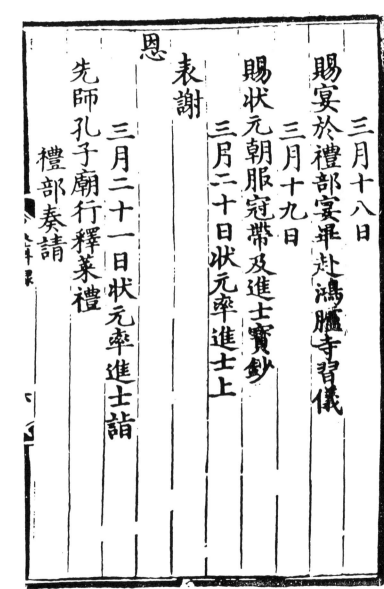

命工部於國子監立石題名

第一甲三名

賜進士及第

張昇 貫江西建昌府南城縣軍籍 縣學生
治書經字啓昭行一年二十六十月初七日生

曾祖循禮 祖德厚 父文賫 前母何氏 母饒氏 繼母汪氏

具慶下 娶胡氏

江西鄉試第八十三名

會試第二百四十名

丁溥 貫直隸松江府華亭縣民籍 國子生

治詩經字原敬行一年四十一十二月二十九日生

曾祖文政 祖汝霖 父孟威 母蔡氏

具慶下 娶夏氏

應天府鄉試第二名 會試第一百五十二名

董越 貫江西贛州府寧都縣民籍 國子生

治詩經字尚矩行二年三十九二月十六日生

曾祖子平縣丞 祖吉義 父時譓 母温氏

慈侍下 兄超 娶温氏

江西鄉試第十一名 會試第三十九名

第二甲七十五名

賜進士出身

張璲

貫山西平陽府安邑縣鹽籍 河東運司學生

治書經字廷佩行四年二十六八月十三日生

曾祖德臨 祖居讓 父原清 母常氏

具慶下 兄璡監察御史 昭 璠國子生 弟璚 鋆 璉 娶劉氏

山西鄉試第六十二名

會試第一百六十九名

費誾

貫直隸鎮江府丹徒縣民籍 國子生

治書經字廷言行五年三十四三月初四日生

曾祖文盛 祖仲榮 父淑高 母朱氏

永感下 兄讓 詳 詮 諄 娶張氏

應天府鄉試第四十八名 會試第一名

陳珷

貫廣東廣州府順德縣民籍 國子生

治禮記字德章行一年三十五三月初九日生

曾祖勝聰 祖效仁 父紀 母馮氏

具慶下 弟玟 璋 現 娶王氏

廣東鄉試第十五名 會試第一百七十八名

張習

貫直隸蘇州府吳縣民籍　儒士

治易經字企翔行一年三十七八月十二日生

曾祖貞吉　祖孟恭　父曉初　母沈氏　繼母王氏

永感下　娶顧氏

應天府鄉試第八十八名　會試第二十六名

李秉衷

貫直隸徐州豐縣人應天府江寧縣官籍　國子生

治詩經字德夫行一年三十三正月初四日生

曾祖愷縣主簿　祖文通贈南京欽天監副　父宗善南京欽天監副　母張氏封安人

嚴侍下　娶張氏

應天府鄉試第三十三名　會試第一百三十名

舒春

貫浙江紹興府餘姚縣人武功中衛軍籍 國子生

治詩經字景熙行一年四十十一月十七日生

曾祖惠貳 祖志 父道輝 母陳氏

永感下 弟英泰 泰 晉 晟 娶袁氏

順天府鄉試第一百十三名 會試第二百三十九名

陳撲

貫四川重慶府合州銅梁縣匠籍 國子生

治易經字季同行二年二十九閏十一月十二日生

曾祖志賢贈右副都御史 祖瑀封右副都御史 父价右副都御史 母馮氏封淑人

重慶下 兄擴冠帶總旗 弟搢 拭國子生 扶 操 娶張氏 繼娶孔氏

四川鄉試第四十一名 會試第一百八十一名

白玢

貫直隷常州府武進縣民籍　府學生

治書經字宗璞行四年四十四月十三日生

曾祖均琟　祖守中　父希原　母錢氏

永感下　兄珙　玘　琬　娶高氏

應天府鄉試第三十八名　會試第一百七十九名

鄭宏

貫浙江寧波府鄞縣民籍　國子生

治易經字元之行四年四十二月十五日生

曾祖德名　祖章可　父厚一　母王氏

慈侍下　兄洪澄湧　弟淦海　娶王氏

順天府鄉試第一名　會試第七名

樂宣 貫湖廣永州府道州寧遠縣民籍 縣學生
治書經字繼諧行二年二十九九月二十四日生
曾祖仕源 祖逢清 父韶教諭 嫡母李氏 生母李氏
具慶下 兄武運鹽使司判官 弟成 琳 瓚 璿 娶李氏
湖廣鄉試第四十八名 會試第二百十七名

蕭璵 貫江西吉安府泰和縣儒籍 國子生
治書經字煥如行一年三十一六月十八日生
曾祖仲齡 祖引之封右通政 父彝左通政 母李氏封宜人
重慶下 弟珂貢士 玠 瓚 珣 璲 娶劉氏
江西鄉試第十名 會試第十七名

梁澤

貫陝西西安府耀州三原縣軍籍 縣學生
治易經字汝霖行二年二十五正月十八日生
曾祖允中 祖景原 父玘 母孟氏
慈侍下 兄艮 弟漢淳潛 未娶
陝西鄉試第一名 會試第八十七名

王纓

貫直隸常州府宜興縣民籍 縣學生
治詩經字用清行二年三十三七月十五日生
曾祖彥宗 祖孟常 父琳教諭 前母宣氏 母沈氏 繼母萬氏
慈侍下 兄繹 弟約緝繪 娶湯氏
應天府鄉試第一百二十八名 會試第三十六名

言芳

貫山東濟南府鄒平縣軍籍 國子生

治書經字宗本行六年三十三四月二十七日生

曾祖子秀 祖進光祿寺署丞 父賓 母高氏 繼母霍氏

具慶下 兄宗仁 宗政宗智宗輔宗敏 娶孫氏

山東鄉試第二十二名 會試第一百五十一名

李延

貫江西南昌府豐城縣軍籍 府學生

治詩經字與齡行六年三十六月初四日生

曾祖宗海 祖南坡 父世宗 母張氏

具慶下 兄蘭蕙荊華萱葛弟曼 娶徐氏

江西鄉試第七十四名 會試第五十五名

王瑞　貫直隸安慶府望江縣醫籍　國子生
治詩經字良璧行五年三十二正月十九日生
曾祖華卿　祖偉　父景　母束氏　繼母李氏　劉氏
具慶下　兄理瓊璽　弟璉琳琦瑛珪璁琅　娶吳氏　繼娶蕭氏
應天府鄉試第七十一名　會試第十九名

閻仲實　貫陝西鳳翔府隴州軍籍　國子生
治書經字光甫行二年三十七六月十二日生
曾祖才順　祖秀　父璿教諭　母王氏
永感下　兄仲寬　弟仲宇仲容仲寅仲賓仲宏仲寧　娶王氏
陝西鄉試第一名　會試第四十七名

尹龍　貫山東濟南府歷城縣民籍　國子生
治書經字舜臣行二年二十二二月初二日生
曾祖得名贈吏部右侍郎　祖宏累贈吏部右侍郎　父旻吏部左侍郎　母張氏封淑人
具慶下　兄鑒　娶楊氏
山東鄉試第二名　會試第九十四名

尚絅　貫河南睢陽衛軍籍　國子生
治禮記字美中行一年二十三八月十四日生
曾祖雲　祖興　父福　母趙氏
重慶下　弟縉　娶劉氏
河南鄉試第八名　會試第二十五名

龔澤　貫浙江寧波府慈谿縣民籍　國子生

治詩經字時濟行二年三十七五月十二日生

曾祖蒙贈工部主事　祖璧工部郎中　父衎　嫡母王氏　繼母羅氏鄭氏葉氏　生母應氏

具慶下　兄溥　弟潮貢士　瀚　源　娶桂氏

浙江鄉試第九名　會試第六十三名

郝志義　貫陝西延安府綏德州清澗縣軍籍　縣學增廣生

治詩經字宜之行二年二十六十一月初九日生

曾祖四　祖貞　父安知州　母楊氏

重慶下　兄志仁　弟志禮　志智　志信　娶白氏

陝西鄉試第十一名　會試第一百九十八名

鄒儒 貫浙江紹興府餘姚縣竈籍 縣學生
治禮記字宗道行十一年三十四十月二十八日生
曾祖貴名 祖世勤 父儀 母俞氏
慈侍下 兄傑 俛 弟儼 娶孫氏
浙江鄉試第四十一名 會試第五十六名

馮蘭 貫浙江紹興府餘姚縣民籍 儒士
治禮記字佩之行二年二十七十月十八日生
曾祖本清按察司僉事 祖綸 父憲 母何氏
重慶下 弟萱 蓀 蓁 娶陸氏
浙江鄉試第八名 會試第一百二十五名

邵宗 貫陝西臨洮府蘭縣校籍 國子生

治詩經字以道行一年四十八月初十日生

曾祖材仲 祖昌 父斌 母鄭氏

具慶下 弟宣 娶沈氏

陝西鄉試第九十五名 會試第一百二十六名

郁庠 貫直隸河間府景州民籍 國子生

治詩經字從周行一年三十四月十八日生

曾祖仲賢 祖貴 父新 母常氏

慈侍下 弟慶廉廣康唐庭府座 娶杜氏

順天府鄉試第六名 會試第一百八十名

徐旴
貫直隸蘇州府嘉定縣軍籍 國子生
治易經字以質行一年四十五月二十一日生
曾祖公行 祖茂宗 贈右僉都御史 父瑄 右僉都御史 母李氏 封恭人
具慶下 弟晃 承事郎 勗 杲 娶封氏
順天府鄉試第四十五名 會試第一百八十六名

吳珵
貫直隸蘇州府吳江縣人順天府大興縣匠籍 國子生
治易經字元玉行一年三十五十二月十八日生
曾祖真一 祖彥銘 父達 母連氏
慈侍下 弟璽 娶許氏 繼娶李氏 沈氏
順天府鄉試第二十九名 會試第十三名

李蕙 貫直隸太平府當塗縣民籍 國子生
治詩經字德馨行三年三十二十月二十六日生
曾祖信 祖順刑部主事 父翔 母蔣氏
慈侍下 兄蕃 芸 弟華 英 娶陳氏
應天府鄉試第五十三名 會試第十一名

張忱 貫直隸永平府昌黎縣民籍 國子生
治詩經字伯恂行一年二十九八月二十一日生
曾祖廣贈通政使 祖鑑贈通政使 父文質兵部左侍郎 母王氏贈淑人 繼母劉氏封淑人
具慶下 弟慥 懷國子生 娶卞氏
順天府鄉試第七十二名 會試第一百四十八名

毛松齡 貫江西南昌府豐城縣軍籍 國子生

治易經字喬年行三年二十六正月初七日生

曾祖彥仁 祖容止 父顯訓導 母王氏

具慶下 兄椿齡 樟齡 弟桂齡 杞齡 楠齡 栢齡 檜齡 棡齡 娶姜氏

江西鄉試第三十六名 會試第九十三名

黃麟 貫河南開封府鈞州密縣民籍 國子生

治書經字文祥行二年三十二十二月十七日生

曾祖文中知府 祖德恒 父愷教諭 母閻氏

重慶下 兄麒 弟鸞 鳳 驥 驤 娶胡氏

河南鄉試第十七名 會試第一百二十四名

喬維翰 貫直隸松江府上海縣竈籍 國子生
治書經字師召行三年三十五十一月十五日生
曾祖士廉 祖公敏 父宗岳 母俞氏
慈侍下 兄楚 樾 弟棨 娶張氏
應天府鄉試第三十二名 會試第一百四名

楊光溥 貫山東青州府莒州沂水縣竈籍 國子生
治書經字文卿行一年二十三閏四月二十五日生
曾祖復新 祖雄州同知 父儼府通判 母趙氏
重慶下 弟光濟義官 光澤 光漢 娶孔氏
山東鄉試第二十一名 會試第九十一名

張以弘　貫浙江紹興府山陰縣民籍　國子生
治詩經字裕夫行三年三十九八月初六日生
曾祖希勝　祖瑯　父蘊輝　母王氏　繼母傅氏
具慶下　弟以文　以憲　以時　以蒙　以震　娶董氏
浙江鄉試第十七名　會試第一百四名

鄧存德　貫江西南康府建昌縣人南京欽天監籍　儒士
治詩經字新之行五年三十五正月十六日生
曾祖德弘　祖致中　父元浩　母張氏
具慶下　兄存耕　存大　存實　存正　弟存祐　存泰　娶熊氏
應天府鄉試第二名　會試第三十四名

徐與憲 貫河南汝寧府光州光山縣民籍 國子生

治春秋字文振行三年四十一二月初九日生

曾祖道亨 祖以德 父通 母汪氏

慈侍下 兄與康 與清 弟與掊 娶游氏

河南鄉試第四十四名 會試第一百三十五名

楊遵 貫湖廣衡州府衡山縣人貴州平越衛官籍國子生

治春秋字循德行二年三十四十月十七日生

曾祖廣四郎 祖必富 父中 母李氏

嚴侍下 兄邃安百戶 弟遠遇 娶孟氏

雲南鄉試第十九名 會試第五十一名

冀綺　貫直隸揚州府高郵州寶應縣民籍　國子生
治易經字文華行一年三十三九月二十四日生
曾祖滋能府同知　祖靦　父良　嫡母王氏楊氏　生母顧氏　繼母秦氏
永感下　兄絅綸綱　弟縯綰約琳　娶王氏
應天府鄉試第三十八名　會試第六十二名

張禎叔　貫四川重慶府巴縣民籍　國子生
治易經字禎叔行一年二十九閏十一月十九日生
曾祖英　祖文聰贈按察司僉事　父清左布政使　母龍氏贈宜人　繼母龔氏封宜人
重慶下　弟祥叔　祺叔　禧叔　感叔　磐叔　娶胡氏
四川鄉試第二十七名　會試第二百三十三名

沈銳 貫浙江杭州府仁和縣民籍 縣學生
治易經字文進行二年二十二六月二十六日生
曾祖德榮 祖定之 父珎 母潘氏
重慶下 兄震 弟鑑 銘 娶張氏
浙江鄉試第七十八名 會試第十八名

周瑛 貫福建鎮海衛人興化府莆田縣軍籍 國子生
治詩經字梁石行一年四十十月二十八日生
曾祖正甫 祖世 父舉 母潘氏
慈侍下 弟環 瓀 娶陳氏 繼娶吳氏
福建鄉試第六名 會試第七十八名

張錦 貫河南開封府太康縣陝西岷州衛軍籍 國子生
治書經字尚絅行四年三十正月十三日生
曾祖興 祖文信 父善 母趙氏
嚴侍下 兄銘 琮 銳 弟鐸 鏞 綸 娶劉氏
陝西鄉試第三十七名 會試第二十三名

蔡晟 貫河南開封府睢州軍籍 州學生
治禮記字文輝行五年二十四二月二十八日生
曾祖大翁 祖青 父敬 前母呂氏 王氏 母張氏
具慶下 兄貴 全 亮 通聽選官 娶胡氏
河南鄉試第六十九名 會試第一百五名

張縉　貫山西太原府陽曲縣民籍　國子生
治書經字朝用行一年二十八四月初三日生
曾祖仲和　祖守益　父能　母楊氏
慈侍下　弟紳　經　綸　綬　娶高氏
山西鄉試第二十六名　會試第八十一名

周孟中　貫江西吉安府廬陵縣民籍　國子生
治詩經字時可行一年三十三二月初五日生
曾祖仲良　祖子遜　父詢教諭　母彭氏
慈侍下　娶劉氏
江西鄉試第八名　會試第二十一名

朱紳 貫直隸蘇州府崑山縣人錦衣衛軍匠籍 國子生

治書經字儀中行二年三十三十一月十四日生

曾祖士英 祖本善 父孟賢 母黄氏

重慶下 兄縉 弟經 綸 組 娶王氏

順天府鄉試第五十名 會試第五十四名

解賓 貫直隸保定府安州高陽縣民籍 國子生

治詩經字尚敬行一年三十七十二月十三日生

曾祖原 祖寬 父海 母蘇氏

具慶下 弟宣義官 娶張氏

順天府鄉試第四十六名 會試第五十二名

侯方

貫直隸松江府華亭縣民籍　國子生

治詩經字公矩行二年二十六閏七月初七日生

曾祖克紹　祖廷信　父蓋府同知　母沈氏

具慶下　兄正　弟洪　平　美　直　賢　娶周氏

應天府鄉試第八十四名　會試第七十一名

李元鎮

貫福建興化府莆田縣鹽籍　國子生

治書經字元鎮行二年三十三正月二十五日生

曾祖龍知縣　祖暘童　父悌　母林氏

具慶下　兄潛　弟岱　岊　娶吳氏

福建鄉試第七十四名　會試第二百三十五名

趙祥
貫直隸鎮江府丹徒縣軍籍　府學生
治書經字夢麟行一年二十九十一月三十日生
曾祖誠　祖琦　父銓　母周氏　繼母高氏
慈侍下　弟禎　娶余氏
應天府鄉試第一百二名　會試第一百八十九名

熊景
貫江西南昌府南昌縣民籍　國子生
治詩經字開甫行二年三十八七月十五日生
曾祖德讓稅課司大使　祖素敬　父資直　母劉氏
具慶下　弟暉　昊　昭　娶傅氏
江西鄉試第七十四名　會試第一百七十名

陸奎　貫直隸蘇州府嘉定縣民籍　國子生
治易經字文曜行一年三十十二月初四日生
曾祖義　祖江　父稷　母邵氏
具慶下　弟垕　堂　堅　娶徐氏
應天府鄉試第十四名　會試第一百六十三名

郭忠　貫直隸廣平府肥鄉縣民籍　國子生
治詩經字廷臣行一年三十四四月二十九日生
曾祖仁義　祖晟衛經歷　父謙縣丞　母石氏
嚴侍下　弟恕　懋　忩　慧　憲　娶梁氏
順天府鄉試第七名　會試第六十九名

方守

貫福建興化府莆田縣鹽籍　國子生

治詩經字宜約行五年三十四六月初六日生

曾祖積善　祖夢周　父休徵　母王氏

嚴侍下　兄賢聰貞誌　弟寀寬　娶蔡氏

福建鄉試第五十五名　會試第六十七名

王鼎

貫直隸蘇州府常熟縣軍籍　國子生

治詩經字元勳行一年三十二十一月初五日生

曾祖佐　祖衡　父綱　母徐氏

重慶下　弟彝　冠冕卣昇旒　娶薛氏

應天府鄉試第一百二十八名　會試第一百四十二名

陳紀

貫福建福州府閩縣民籍　　儒士

治禮記字叔振行三年二十三九月二十一日生

曾祖子靜　祖文志　父鏗　母張氏　生母劉氏

具慶下　兄谷常訓導　弟紳　娶潘氏

福建鄉試第四十六名　會試第十名

張晟

貫浙江杭州府仁和縣民籍　　國子生

治春秋字孟暘行一年三十二正月初三日生

曾祖福　祖庸　父誠　母曹氏

慈侍下　弟昇　昂　旻　娶于氏

浙江鄉試第五名　會試第一百五十三名

胡贊

貫浙江紹興府餘姚縣人興州中屯衛籍　良鄉縣學軍生

治禮記字克襄行二十二年三十七二月十九日生

曾祖思敏　祖閏初　父寬封刑部主事　母鄭氏贈安人　繼母王氏

具慶下　兄明　弘恭刑部主事　儼　倫　銓全倉副使　娶黃氏

順天府鄉試第十五名　會試第一百八十八名

勒璽

貫山東兗州府曹州曹縣軍籍　縣學生

治春秋字荆玉行二年二十九閏十一月初二日生

曾祖弘毅　祖浩先　父士敏縣主簿　前母王氏　母劉氏

慈侍下　兄瑛　娶趙氏

山東鄉試第三十二名　會試第一百九十二名

謝恭

貫直隸徽州府休寧縣民籍　國子生

治春秋字文安行一年三十四十月十四日生

曾祖仕祥　祖德琛　父功振　母金氏

重慶下　弟敏　恩　娶朱氏

應天府鄉試第十名　會試第七十九名

李介

貫山東萊州府膠州高密縣軍籍　國子生

治禮記字守貞行三年二十五二月二十八日生

曾祖伯榮　祖遜理問　父傑教授　前母宋氏　母栗氏

具慶下　兄廉節　弟約範簡式　娶杜氏

山東鄉試第八名　會試第四十六名

王臣

貫江西吉安府廬陵縣官籍 國子生

治書經字世賞行二年十六七月二十二日生

曾祖子善（贈按察使） 祖仲起（封按察使） 父槩（大理寺卿） 嫡母劉氏（封淑人） 生母蕭氏

具慶下 兄世錫 弟世延 世選 世用 世卿 聘蔡氏

順天府鄉試第三十三名 會試第二百八名

陳勉

貫江西撫州府臨川縣民籍 國子生

治詩經字自勉行八年三十四三月初一日生

曾祖九江 祖孔立 父彥持 母李氏

具慶下 兄自牧 自居 自謁 自端 弟自說 自輝 娶梁氏

江西鄉試第五十九名 會試第九十二名

屠勳 貫浙江嘉興府平湖縣軍籍 國子生

治書經字元勲行三年二十三正月初十日生

曾祖澤民 祖湘 父機 母陸氏

具慶下 兄煥 熙 烈 弟烱 煉 燿 娶陳氏 繼娶林氏

浙江鄉試第十三名 會試第一百五十七名

崔陞 貫河南彰德府安陽縣軍籍 國子生

治詩經字廷進行六年三十一十二月十四日生

曾祖大 祖彥和 父剛 庫大使 前母王氏 母蔡氏

具慶下 兄麟 倫 馴 鈺 俊 娶李氏

河南鄉試第六十八名 會試第一百六十一名

姜英 貫浙江紹興府餘姚縣民籍 國子生
治禮記字時俊行六年三十九二月初七日生
曾祖權什 祖文舉 父永善 母陸氏 繼母應氏
嚴侍下 弟鐺 鉊 娶方氏 繼娶胡氏
浙江鄉試第六十九名 會試第二百六名

鄭齡 貫江西廣信府弋陽縣軍籍 國子生
治書經字夢齡行五十五年三十正月三十日生
曾祖景彰 祖遠祖 父邦典膳 母劉氏
具慶下 兄禮 隆 興 弟嘉 娶方氏
江西鄉試第十三名 會試第二十八名

沈璐

貫直隸松江府上海縣竈籍 國子生

治詩經字廷端行五年三十二九月二十七日生

曾祖道誠 祖思義 父枋 嫡母黃氏 母王氏

具慶下 兄瑢 璠 瑜中書舍人 弟璧 玭 娶徐氏

應天府鄉試第一百三十名 會試第四名

劉憲

貫江西饒州府餘干縣民籍 國子生

治春秋字文綱行三年二十八三月初十日生

曾祖慶宗 祖守成 父克清 母范氏

重慶下 兄冠 弟容 宣 娶黃氏

江西鄉試第三名 會試第三名

邵珪

貫直隸常州府宜興縣軍籍　縣學增廣生

治詩經字文敬行七年二十九二月初九日生

曾祖商霖　祖文穆　父昉　母張氏

具慶下　兄璟理珎璨　弟璋　娶龔氏

應天府鄉試第四十五名　會試第二十四名

昝誠

貫山東萊州府膠州高密縣民籍　國子生

治易經字篤學行四年三十三七月初九日生

曾祖人慶　祖仁美　父朗　前母姜氏　母孫氏

慈侍下　兄瑛聽選官　敬　傑　弟實　娶張氏

山東鄉試第七十三名　會試第二百十三名

吳瓊　貫浙江湖州府烏程縣軍籍　國子生
治詩經字懷德行四年三十一六月初八日生
曾祖九成　祖德茂　父廷珪　母祝氏
具慶下　兄齡　尚　璡國子生　弟瓛　娶丘氏
浙江鄉試第六十三名　會試第八十名

吳珉　貫山西平陽府霍州靈石縣軍籍　國子生
治詩經字廷振行一年三十五十月二十六日生
曾祖思孝　祖冲　父海　母鄭氏
永感下　娶程氏
山西鄉試第四十一名　會試第二百十八名

周政

貫浙江杭州府仁和縣民籍　縣學生

治易經字尚德行一年二十九一月二十八日生

曾祖宗善　祖賢　父俊　母方氏

慈侍下　娶邵氏

浙江鄉試第十三名　會試第七十三名

奚昌

貫直隸蘇州府吳縣軍籍　國子生

治易經字元啓行二年四十九十一月二十二日生

曾祖漢卿　祖士賢　父公瑾　母蘇氏

永感下　兄闇　弟閑　娶姚氏

應天府鄉試第六十九名　會試第五十八名

第三甲一百六十九名
賜同進士出身
張曉
貫陝西西安府耀州三原縣民籍　國子生
治易經字光曙行一年三十一正月二十九日生
曾祖覺賢　祖仲遠　父昶　母竹氏
具慶下　弟時　娶程氏
陝西鄉試第四十名
會試第一百九十五名

李經
貫山西澤州陽城縣民籍　國子生
治詩經字大經行一年二十七十月初一日生
曾祖伯順　祖華訓導　父珩訓導　母孔氏
具慶下　弟紹緯　娶劉氏
山西鄉試第六名　會試第一百七十四名

瞿俊
貫直隸蘇州府常熟縣匠籍　國子生
治詩經字世用行一年三十三十二月二十九日生
曾祖子善　祖庸　父經　母葉氏
具慶下　弟欽　傑明貢士　文思　佐　佑　娶鄧氏
應天府鄉試第四十九名　會試第二百五名

高安 貫河南開封府睢州民籍　州學生
治書經字曰恭行一年二十五八月初八日生
曾祖仲名府同知　祖貴　父能　母丁氏
永感下　弟祥　娶王氏
河南鄉試第六名　會試第一百三十七名

梅江 貫浙江嘉興府秀水縣民籍　國子生
治書經字文淵行一年三十二五月二十日生
曾祖宗福　祖勝　父順　母陳氏
永感下　弟海　娶潘氏
浙江鄉試第十七名　會試第一百七十二名

尹仁　貫江西吉安府安福縣儒籍　國子生

治易經字性之行三年四十二七月初九日生

曾祖元心　祖子志　父和巡檢　母陳氏

具慶下　兄固本　固立　弟固正　固敬　娶李氏

江西鄉試第七十名　會試第四十八名

謝秉中　貫四川成都府華陽縣民籍　國子生

治書經字惟時行一年三十四九月二十一日生

曾祖志善　祖洪　父祐　母熊氏

慈侍下　弟秉正　娶何氏

四川鄉試第四十二名　會試第一百四十四名

楊惇 貫直隸廬州府六安州民籍 國子生

治春秋字載夫行二年三十三正月二十二日生

曾祖貴 祖昇知州 父佐 母裴氏

具慶下 兄忭知縣 弟恒恂博愷悌懷悅陝 娶張氏

應天府鄉試第七十七名 會試第二百三十名

李璡 貫直隸安慶府懷寧縣民籍 國子生

治易經字純夫行六年三十二十二月初五日生

曾祖智可 祖良良醫正 父昇醫學正科 前母朱氏徐氏 母嚴氏

慈侍下 兄璜琮琢璟瑛 弟珹琇 娶徐氏 繼娶耿氏

應天府鄉試第四十四名 會試第三十三名

劉忠器 貫浙江紹興府新昌縣民籍 儒士

治書經字世用行五年三十四十一月二十三日生

曾祖宗遠 祖如梗 父永華 母董氏

具慶下 兄允器 舜器 大器 娶葉氏

浙江鄉試第十九名 會試第二百二十六名

楊重 貫陝西平涼府涇州靈臺縣民籍 國子生

治春秋字質夫行一年二十九十一月初四日生

曾祖時 祖顒司牧局大使 父磬知縣 母劉氏

具慶下 弟行 忠 簡 靜 娶毛氏

陝西鄉試第九名 會試第一百十一名

宋經

貫山西大同府蔚州民籍　國子生

治詩經字大經行一年二十五四月初四日生

曾祖文友　祖玉（贈戶部主事）　父弼（戶部員外郎）　母齊氏（贈安人）

嚴侍下　弟綸（義官）　綰　娶馬氏

山西鄉試第二十四名　會試第九十八名

陳耀

貫福建漳州府龍溪縣民籍　國子生

治書經字孔彰行二年四十九月二十二日生

曾祖弘甫　祖子德　父孟儀　母李氏

慈侍下　兄協恭　弟孔濟　孔慎　娶高氏

福建鄉試第二十九名　會試第七十五名

劉福 貫四川重慶府巴縣軍籍 縣學生

治春秋字天祐行一年三十二十一月十七日生

曾祖忠 祖文富 父永寧 母周氏

重慶下 弟浩寬壽裕祿 娶余氏

四川鄉試第十六名 會試第二百二十名

何舜賓 貫浙江紹興府蕭山縣民籍 縣學增廣生

治書經字穆之行一年四十四月二十日生

曾祖禮四 祖善身 父璧 母張氏

慈侍下 弟舜卿 娶鄭氏 繼娶朱氏

浙江鄉試第十五名 會試第六十名

朱瑄

貫浙江寧波府鄞縣民籍　國子生

治易經字廷璧行一年三十十二月初九日生

曾祖保三　祖子莊　父得榮　前母陳氏　母林氏　繼母張氏

慈侍下　弟珏珎瑜琦瓚瑛　娶翁氏

浙江鄉試第四十七名　會試第一百八名

臧瓊

貫浙江湖州府長興縣民籍　國子生

治易經字文瑞行三年三十六十月二十一日生

曾祖子原　祖仲和　父思聰義官　母王氏

慈侍下　兄海　瓛　弟瑛　娶王氏

浙江鄉試第七十八名　會試第一百六十七名

李崙

貫陝西西安府臨潼縣民籍　國子生

治書經字世瞻行三年二十六九月十二日生

曾祖恕　祖思忠　父海　母張氏　繼母彭氏

具慶下　兄岩　崑　未聘

陝西鄉試第十二名　會試第一百六十五名

王廷

貫山西平陽府蒲州鹽籍　州學生

治易經字朝用行二年二十六六月二十二日生

曾祖信　祖祥　父秀　前母張氏　姚氏　母茹氏

重慶下　兄鐸　弟鉞　娶屈氏

山西鄉試第六十名　會試第二百四十九名

謝綱　貫湖廣岳州府巴陵縣軍籍　縣學生

治書經字振倫行一年三十三十一月十七日生

曾祖思銘　祖必清　父文德　母吳氏

具慶下　弟緯　緩　娶王氏

湖廣鄉試第五十九名　會試第八十八名

堯卿　貫四川潼川州安岳縣民籍　國子生

治書經字廷輔行二年三十二八月十六日生

曾祖勝隆　祖琛　父從道　母劉氏　繼母王氏

永感下　兄本重　弟本經　娶丁氏

四川鄉試第六十五名　會試第一百七十五名

包謙　貫浙江杭州府錢塘縣軍籍　國子生

治易經字益之行三年三十六十月二十四日生

曾祖泰　祖閏　父純　母陳氏

永感下　兄誠　諹　弟諒　謹　娶鄭氏

浙江鄉試第十名　會試第一百十二名

莊恭　貫福建泉州府晉江縣軍籍　府學生

治詩經字儀甫行一年二十七九月初十日生

曾祖羽圭　祖允祥　父景暘　母陳氏

重慶下　弟從明　聰　睿　寬　信　敏　惠　蓁　夔　娶吳氏

福建鄉試第二十九名　會試第一百二十三名

陸珩

貫浙江湖州府歸安縣人直隸阜城縣民籍 國子生

治易經字用節行六年三十一十一月初六日生

曾祖子真 祖斌封刑部郎中 父炬右僉都御史 母王氏封宜人

慈侍下 兄璠 璇錦衣百戶 珂 璵 珹 弟珈 琛冠帶舍人 璋 娶嚴氏

順天府鄉試第八十一名 會試第一百七十一名

金爵

貫四川成都府綿州人利州衛軍籍 國子生

治書經字良貴行一年三十二九月初三日生

曾祖亨 祖天澤 父祐 母林氏

慈侍下 娶周氏

四川鄉試第六名 會試第十四名

王珣

貫山東兗州府曹州曹縣民籍 國子生

治書經字德潤行三年三十十二月初三日生

曾祖麒 按察司僉事　祖導　父蘭 巡檢　母高氏

嚴侍下　兄璉 玘 國子生　弟珉　娶李氏

山東鄉試第二十四名　會試第一百一十六名

張純

貫福建福州府閩縣軍籍 國子生

治易經字仕和行六年三十四六月十六日生

曾祖得　祖聰 贈刑部主事　父瑜 貢士　母潘氏

慈侍下　兄綱 續 教授 繼　弟綸 緒 紀 紹　娶王氏

福建鄉試第七十五名　會試第二百七名

林璞

貫廣東潮州府海陽縣人興寧縣民籍

治春秋字蘊中行二年三十八七月十七日生

曾祖貴銘　祖潤　父儕　母謝氏

具慶下　兄環貢士　弟珍　娶袁氏

廣東鄉試第四名　會試第一百二十九名

邵猷

貫浙江嚴州府淳安縣軍籍　縣學生

治春秋字陳之行二年三十六月初二日生

曾祖富　祖郁　父楷　母徐氏

具慶下　兄謨　弟翬　新　瑊　娶方氏

浙江鄉試第四十六名　會試第九名

汪正

貫直隸徽州府歙縣民籍 國子生
治春秋字惟中行一年二十七十月二十二日生
曾祖仕賢 祖永義 父以聰 母吳氏
重慶下 弟表 娶方氏
應天府鄉試第三十四名 會試第一百二十一名

許昌

貫應天府句容縣人雲南廣南衛官籍 國子生
治詩經字宗寅行五年三十六五月十九日生
曾祖景名 祖彥中 父克敬 前母黃氏 母蔡氏
慈侍下 兄昂 旻所鎮撫 昺冏晃 弟泉 娶秦氏
雲南鄉試第二十三名 會試第四十九名

梁萬鍾 貫四川成都府温江縣軍籍 國子生
治禮記字天錫行二年三十二八月初八日生
曾祖必富 祖添秀 父銘 母王氏
具慶下 兄良英 弟通 娶晏氏
四川鄉試第五名 會試第一百五十九名

邵新 貫浙江嚴州府淳安縣民籍 國子生
治春秋字復初行二年三十八正月初一日生
曾祖栱 祖祖生 父宗義 母方氏 繼母方氏
具慶下 兄祏 弟裒 齡 娶方氏
浙江鄉試第二十四名 會試第一百八十三名

胡璘 貫山東濟南府濟陽縣軍籍 國子生
治書經字汝温行二年三十六正月初四日生
曾祖仲實元河間路總管 祖景芳 父俊 前母孫氏 母李氏
永感下 兄顯 弟璉 娶王氏
山東鄉試第四十五名 會試第一百四十一名

張淮 貫河南開封府許州襄城縣軍籍 國子生
治書經字邦鎮行三年二十九十二月十一日生
曾祖耆 祖太 父巖 母毛氏
具慶下 兄浩 淵 娶徐氏
河南鄉試第三十七名 會試第一百八十五名

韓邦問 貫浙江紹興府會稽縣人湖廣襄陽府襄陽縣民籍 縣學增廣生

治詩經字大經行一年二十八三月初三日生

曾祖彥達 祖良可典史 父弼長史 母璩氏 繼母王氏

具慶下 弟質問 博問 善問 明問 憲問 舜問 娶劉氏

湖廣鄉試第八十一名 會試第二百五十名

李晟 貫山東東昌府濮州軍籍 國子生

治書經字孔暘行二年三十四三月二十四日生

曾祖思中 祖彥名 父恭知縣 前母張氏 母王氏

永感下 兄昇 弟景 晃 娶瞿氏 繼娶葛氏

山東鄉試第六十一名 會試第六名

沈純　貫直隷淮安府山陽縣官籍　府學生

治詩經字一之行三年二十八七月初一日生

曾祖仲和贈戶部尚書　祖彥良　父琮　母馮氏

慈侍下　兄綱紀繪練　維約縉綬國子生　續紹緯　娶栢氏

應天府鄉試第八十三名　會試第一百八十四名

李景繁　貫河南開封府儀封縣民籍　國子生

治詩經字邦泰行四年三十二十一月十一日生

曾祖伯通　祖原　父槃　母趙氏　繼母杜氏

具慶下　兄景新景奇景和　弟景隆　娶尹氏

河南鄉試第六十六名　會試第二百三十六名

宋驥 貫直隸廬州府舒城縣民籍 縣學增廣生
治詩經字德遠行二年二十七八月十三日生
曾祖朝卿 縣丞 祖有廷 父玉 縣主簿 前母鄭氏 母孫氏
慈侍下 兄騏 弟驄 娶倪氏
應天府鄉試第一百二十四名 會試第一百七名

李茂 貫江西吉安府廬陵縣人順天府大興縣官籍 國子生
治詩經字世榮行三年三十九十月十五日生
曾祖文林 長史 祖立武 序班 父玉 母曾氏
嚴侍下 兄源榮 弟景華 中書舍人 英 蕙 蘭 娶郭氏
順天府鄉試第一百二名 會試第二十七名

張和 貫直隸淮安府山陽縣民籍 國子生

治詩經字宗禮行二年四十五二月初九日生

曾祖得中 元知縣 祖仲理 父鵬輝 母孫氏

永感下 兄种 娶孫氏 繼娶仇氏

順天府鄉試第七名 會試第六十五名

陳雲鳳 貫浙江紹興府餘姚縣民籍 儒士

治易經字儀之行二十年二十九八月初四日生

曾祖履初 縣丞 祖魯賓 父曰遷 母段氏

嚴侍下 兄雲鵬 布政使 雲龍 雲鵾 知府 娶黃氏

浙江鄉試第二十九名 會試第一百四十三名

趙杲　貫四川成都府漢州軍籍　州學生
治詩經字廷輝行三年三十三九月初二日生
曾祖覺能　祖崇周　父泰　母陸氏
永感下　兄昂　昇　娶成氏
四川鄉試第二十一名　會試第一百六十八名

廖德徵　貫福建興化府莆田縣匠籍　府學增廣生
治書經字德徵行二年三十七七月二十九日生
曾祖損　祖尚安　父季高　母黎氏
具慶下　兄德祥　弟德美　泰　娶徐氏
福建鄉試第六十名　會試第一百十九名

張銳　貫直隸揚州府江都縣民籍　國子生
治詩經字退之行五年三十二六月十一日生
曾祖仲實　祖士紳　父珉　母李氏
具慶下　兄鑑鑌欽鋼　弟鉞鎰鎡　娶陳氏
應天府鄉試第七十四名　會試第一百十七名

雍泰　貫陝西西安府咸寧縣軍籍　國子生
治易經字世隆行一年三十五十月二十三日生
曾祖子安　祖清　父鑑　母王氏
具慶下　弟和讓　娶宋氏　繼娶馬氏
陝西鄉試第八十六名　會試第一百五十六名

馬隆

貫河南河南府鞏縣民籍　國子生
治易經字世昌行一年三十七八月二十一日生
曾祖吉　祖得　父忠　母張氏
具慶下　弟隱 際 陳　娶王氏 繼娶李氏
河南鄉試第五十五名　會試第一百二名

江源

貫廣東廣州府番禺縣民籍　國子生
治詩經字一原行一年三十二四月初八日生
曾祖祥　祖廣　父翊　母賈氏
永感下　娶梁氏
廣東鄉試第一名　會試第三十名

黃景

貫江西瑞州府上高縣民籍　縣學生

治易經字文昭行六年三十十一月十三日生

曾祖以先　祖思郁　父敏堅　母晏氏

具慶下　兄旭東　弟旭新　旭寅　娶劉氏

江西鄉試第十五名　會試第二百二十四名

鄒霶

貫江西臨江府新喻縣民籍　國子生

治詩經字濟時行八年二十六三月二十五日生

曾祖子奉　祖同軌　父魯廉　母余氏　繼母簡氏

具慶下　兄彰教諭　元順泰安昇　弟道　娶余氏

江西鄉試第二十九名　會試第八十六名

陳寓 貫福建福州府寧德縣軍籍 縣學生
治禮記字時安行二年二十四九月十六日生
曾祖伯繁 祖明 父和學正 母黃氏
慈侍下 兄寧 弟宇 富 娶龔氏
福建鄉試第六十九名 會試第二百四十二名

何鑑 貫浙江紹興府新昌縣民籍 縣學增廣生
治書經字世光行一年二十八六月二十九日生
曾祖遵道 祖彥廣 父崇美 母呂氏
重慶下 弟錄 娶石氏
浙江鄉試第二十四名 會試第一百三十四名

劉規

貫四川重慶府巴縣民籍　國子生

治春秋字應乾行一年三十四五月十一日生

曾祖昇縣丞　祖兄明　父剛縣丞　母楊氏

重慶下　娶鄧氏

四川鄉試第十一名　會試第一百名

張鏞

貫直隸河間府滄州鹽山縣民籍　國子生

治易經字大器行一年三十九十二月初六日生

曾祖士名　祖有德　父醇　母董氏

永感下　弟鋹　娶劉氏

順天府鄉試第一百六名　會試第一百七十六名

徐鏞 貫湖廣武昌府興國州軍籍 府學生
治書經字用和行一年二十六五月十六日生
曾祖宗一 祖友貴 父政承事郎 母從氏
具慶下 弟鉞欽鉉鈺 娶張氏 繼娶吳氏
湖廣鄉試第十九名 會試第四十一名

范聰 貫四川重慶府榮昌縣民籍 縣學生
治禮記字達善行三年二十五四月初八日生
曾祖友拳 祖錦 父永寧 母龔氏
具慶下 兄元極 元奎 弟元卿 娶楊氏
四川鄉試第五名 會試第二百三十四名

熊翀 貫河南汝寧府光州民籍 國子生
治詩經字騰霄行四年三十五九月十七日生
曾祖子真 祖必清 父仕忠 母李氏
永感下 兄友道 翬 翼 弟翃 娶李氏
河南鄉試第六十八名 會試第三十二名

林和 貫福建興化府莆田縣鹽籍 府學生
治詩經字恒肅行十一年三十一閏二月二十日生
曾祖仁美 祖禹衡 父永悅 母陳氏
永感下 兄智 信 仁 忠 福 弟義 本 娶陳氏
福建鄉試第十一名 會試第一百一名

李鑑

貫河南懷慶府河內縣民籍　國子生

治詩經字孔昭行二年三十三月十四日生

曾祖玉　祖祥贈錦衣衛經歷　父孜知縣　母宋氏封孺人

具慶下　兄春　娶毛氏

河南鄉試第十八名　會試第二百二名

李謙

貫山東兗州府滋陽縣軍籍　國子生

治書經字吉甫行三年三十九九月初一日生

曾祖仲得　祖顯能　父宗政工部主事　母郝氏　生母范氏

永感下　兄瓛　訊　弟讓　娶張氏

山東鄉試第六十二名　會試第一百九十四名

方岳

貫福建興化府莆田縣軍籍　儒士

治詩經字恒謙行一年二十八十二月二十日生

曾祖士堅　祖澥行人　父旭伯　母戴氏

重慶下　弟岱　娶吳氏

福建鄉試第二十名　會試第十六名

鄭諒

貫廣東潮州府海陽縣民籍　國子生

治春秋字廷察行二年三十四八月初三日生

曾祖宗禮　祖瑛　父可由　前母戴氏　母林氏

慈侍下　兄育　弟鳳　娶丘氏

廣東鄉試第七十三名　會試第一百七十三名

雷升

貫湖廣荊州府江陵縣人遼東三萬衛軍籍　國子生

治禮記字大亨行一年二十七七月二十六日生

曾祖榮　祖喜春　父晉　母葉氏　繼母王氏

具慶下　弟節　頤　謙　娶張氏　繼娶林氏

山東鄉試第三十三名　會試第一百六十六名

李昊

貫直隸蘇州府崑山縣人應天府上元縣民籍　國子生

治書經字志遠行一年三十七七月十五日生

曾祖德潤　祖構　父彥輝　母朱氏

具慶下　娶王氏

應天府鄉試第七十八名　會試第一百四十七名

李延壽 貫山東濟南府新城縣軍籍 國子生
治易經字宗仁行二年二十七正月初七日生
曾祖彥實 祖從亮贈知縣 父泰府同知 母黃氏贈孺人 繼母羅氏
具慶下 兄延年 弟延齡 延福 延祺 娶郝氏
山東鄉試第三十一名 會試第三十七名

王儼 貫湖廣岳州府華容縣軍籍 國子生
治書經字民望行三年三十三十二月十二日生
曾祖子民元知縣 祖琛 父致中醫學訓科 母李氏
具慶下 兄佐 弟偉 傑 倬 娶周氏
湖廣鄉試第五十五名 會試第三十八名

孫仁

貫江西臨江府新淦縣民籍　縣學生

治禮記字偉德行五年四十一五月十三日生

曾祖人立　祖仕寘　父肇昂　母廖氏

永感下　兄偉仕 偉靖 偉度 偉達　娶謝氏　繼娶何氏

江西鄉試第十名　會試第八十五名

王溥

貫河南南陽府鄧州內鄉縣醫籍　國子生

治易經字公甫行一年二十六正月十六日生

曾祖得醫學訓科　祖賢訓科贈監察御史　父儼光祿寺少卿　嫡母馮氏封孺人　生母喬氏

具慶下　弟瀚 淳　娶高氏

河南鄉試第五十五名　會試第五十三名

王舟 貫浙江紹興府餘姚縣民籍 儒士
治禮記字弘載行五年三十三九月十一日生
曾祖克誠 祖文華 父翙虞 母花氏
慈侍下 兄琯 由 遷 賜 弟舍 章 娶呂氏
浙江鄉試第二十八名 會試第一百十五名

李恭 貫直隸永平府昌黎縣人遼東都司定遼左衛官籍 國子生
治詩經字思敬行一年三十七八月二十日生
曾祖伯彥 祖士中 父𬤊 指揮同知 母洪氏 繼母郭氏
具慶下 弟寬 信 敏 惠 娶郭氏
山東鄉試第五十九名 會試第二百四十八名

高銓

貫直隸揚州府江都縣軍籍 國子生

治易經字宗選行五年二十七八月十二日生

曾祖永仁 祖友直 父文通 母季氏

具慶下 兄鑑欽鍾 弟宗泰鏌鎡鉞 娶許氏

應天府鄉試第二十二名 會試第九十七名

唐絹

貫廣東瓊州府瓊山縣軍籍 國子生

治詩經字世用行一年四十二正月初七日生

曾祖孔錫知縣 祖瑱 父俊 母莫氏

慈侍下 兄虔訓導 綱訓導 弟宗器 娶吳氏 繼娶吳氏

廣東鄉試第七十二名 會試第二百三十一名

黄著

貫直隷蘇州府吴江縣民籍 國子生

治詩經字誠夫行一年三十二九月初九日生

曾祖毅 祖原質教諭 父玶布政司經歷 母陳氏

慈侍下 弟夔 藝 荏 苾 娶丘氏

應天府鄉試第一百二十九名 會試第一百五十五名

葉亨

貫直隷徽州府休寧縣人福建福州府閩縣軍籍 府學生

治春秋字叔通行三年二十九十二月十五日生

曾祖添德 祖讓 父旻 母林氏

重慶下 兄永清義官 弟貞 性 娶倪氏

福建鄉試第五名 會試第二百一名

趙艮

貫浙江金華府永康縣民籍 國子生

治書經字時中行八年三十七九月初八日生

曾祖繼善 祖學興 父存佑 母徐氏

永感下 兄塤衛經歷 復 賜 泰 豫 弟昌 娶應氏

浙江鄉試第六十六名 會試第一百三名

談綱

貫直隸常州府無錫縣官籍 國子生

治書經字憲章行三年三十二十一月初二日生

曾祖禮 祖紹贈監察御史 父復 母茹氏

具慶下 兄經戶部主事 緯承事郎 弟維 繹 縉 紳 娶宋氏繼娶錢氏

應天府鄉試第十五名 會試第五十七名

王京 貫江西贛州府信豐縣官籍交阯人 國子生

治書經字宗周行一年三十九七月十三日生

曾祖樂山元太史 祖道原 父學古知縣 母范氏

嚴侍下 弟珙宗素棐柰 娶鄭氏

順天府鄉試第八十四名 會試第二百四名

曹時中 貫直隷松江府華亭縣軍籍 國子生

治書經字時中行五年三十八八月十五日生

曾祖榮甫 祖楚賜 父廷獻 母鄧氏 繼母孫氏

具慶下 兄時初時謙時用國子生 時和甲戌進士 弟時脩 娶楊氏

應天府鄉試第六十二名 會試第九十九名

陳遵教 貫江西吉安府廬陵縣軍籍 國子生
治詩經字貴弘行三年三十八十月二十五日生
曾祖添瑞 祖伯勤 父永吉 母李氏
具慶下 兄中立 中恪 娶歐陽氏
江西鄉試第三十四名 會試第一百九十三名

楊謐 貫河南開封府儀封縣民籍 國子生
治詩經字文寧行三年三十二月二十三日生
曾祖成 祖伯中 父瑾縣主簿 前母曾氏 母年氏
具慶下 兄謙 讚 弟訓 娶蔣氏
河南鄉試第三十六名 會試第二百四十三名

賀霦 貫江西饒州府鄱陽縣民籍 國子生

治詩經字時望行一年二十九二月初一日生

曾祖彥明 贈大理寺右少卿 祖思庸 父永鑑 母方氏

慈侍下 娶鄭氏

江西鄉試第八十四名 會試第二百名

張穀 貫福建福州府福清縣鹽籍 國子生

治詩經字伯祿行一年三十五正月初七日生

曾祖子仁 祖源 父文簡 前母陳氏 母林氏

慈侍下 弟烜 娶陳氏 繼娶陳氏

福建鄉試第五十一名 會試第一百七十二名

李良　貫直隸蘇州府嘉定縣匠籍　縣學生

治詩經字堯臣行一年三十五五月十五日生

曾祖文興　祖英　父綱　母鄒氏　繼母朱氏

重慶下　弟直學　信　能　娶徐氏

應天府鄉試第二十五名　會試第一百六十四名

劉灌　貫山東兖州府濟寧州民籍　國子生

治書經字惠民行三年三十五正月初五日生

曾祖從義　祖子榮贈監察御史　父禎光祿寺少卿　母許氏封孺人

慈侍下　兄濟　溥貢士　弟滔　娶孔氏

山東鄉試第四十七名　會試第三十五名

孫中

貫直隸保定府新城縣軍籍 國子生

治詩經字時中行一年四十一月二十八日生

曾祖七公 祖勉 父友（巡檢） 母雷氏

具慶下 弟申 車 娶楊氏

順天府鄉試第六十四名 會試第四十二名

林樞

貫福建福州府福清縣竈籍 縣學生

治詩經字邦拱行一年三十一正月二十四日生

曾祖馬 祖正寶 父岱 母鄭氏 繼母王氏

慈侍下 弟楨 榕 棡 柱 傑 娶陳氏

福建鄉試第八十二名 會試第二百二十一名

黃文琰 貫直隸徽州府祁門縣民籍 國子生

治春秋字宗器行一年三十三十一月初四日生

曾祖子榮 祖新仁 父舍諡 母胡氏

具慶下 弟文珪 貢士 娶汪氏

應天府鄉試第五十五名 會試第二十九名

陳忠 貫河南開封府許州民籍 國子生

治書經字孝卿行一年三十四十一月初四日生

曾祖德新 祖榮 父復學 母魏氏

重慶下 娶高氏

河南鄉試第一十九名 會試第一百三十一名

蔡元義　貫福建興化府莆田縣民籍　縣學增廣生
治書經字子仁行二十年四十正月十八日生
曾祖景德　祖士弘　父則勉　母黄氏　生母林氏
慈侍下兄元器元獻元禮元爵弟季甫元周　娶吴氏
福建鄉試第二十一名　會試第一百八十二名

俞祿　貫應天府六合縣民籍浙江嚴州府遂安縣人　國子生
治春秋字從學行二年三十三七月二十三日生
曾祖清遠　祖驥　父建　母周氏　繼母吕氏
具慶下　兄從周　娶陳氏
應天府鄉試第八十六名　會試第二十名

黃韶

貫浙江紹興府餘姚縣民籍 國子生

治禮記字九成行十一年三十七九月二十三日生

曾祖敬中 祖士寧 父永昊 母徐氏

具慶下 弟九霄 九靈 娶朱氏

浙江鄉試第七十九名 會試第五名

嚴賓

貫湖廣荊州府潛江縣軍籍 國子生

治書經字邦賢行四年二十九二月二十六日生

曾祖谷珎 祖添福 父敬 母王氏

慈侍下 兄克恭克溫克讓 弟克亮克謙 娶袁氏

湖廣鄉試第七十五名 會試第一百六名

陳鑑

貫福建福州府福清縣民籍 國子生

治詩經字德熙行二年二十三六月二十五日生

曾祖賢 祖原生 父晟 母林氏

重慶下 弟銓 鏗 鉞 娶王氏

福建鄉試第八十名 會試第二百一十二名

鄒騏

貫湖廣黃州府麻城縣軍籍 國子生

治春秋字良甫行一年三十十一月初八日生

曾祖希魯贈左副都御史 祖來學左副都御史 父瀚 母林氏

嚴侍下 弟駿 騋 駟 驄 駪 駉 馴 騤 驤 娶熊氏

湖廣鄉試第八十五名 會試第二百四十六名

劉長春 貫四川瀘州州寵𨛦籍 州學生
治書經字存仁行二年三十三七月初八日生
曾祖穀成 祖志永 父端 母周氏
具慶下 兄陽春 娶閔氏
四川鄉試第七名 會試第二百二十八名

許楫 貫四川眉州軍籍 國子生
治詩經字公濟行三年三十七四月初十日生
曾祖迎春 祖宏道 父廉 母周氏
慈侍下 兄相霖 弟梅材楠 娶周氏
四川鄉試第十名 會試第一百三十六名

董安 貫福建漳州府龍溪縣軍籍 國子生
治易經字敦仁行一年三十五五月十八日生
曾祖福 祖毋 父學敏 母黄氏
具慶下 弟珉 璨 明 娶林氏

周熙
福建鄉試第四十九名 會試第一百四十九名
貫福建福州府閩縣軍籍 府學增廣生
治禮記字世祥行九年二十九十月初二日生
曾祖道熙 祖英 父晉倉大使 母林氏
重慶下 弟澄 淵 溥 潤 娶林氏
福建鄉試第四名 會試第一百九十七名

王錦 貫河南開封府許州襄城縣民籍 國子生
治詩經字絅之行一年二十四月初五日生
曾祖尚文 參議 祖景道 贈戶部郎中 父瓌 戶部郎中 母戚氏 封宜人
具慶下 弟鑾 鎣 娶焦氏
河南鄉試第七十二名 會試第二百二十三名

戴瑶 貫河南汝寧府汝陽縣民籍 國子生
治春秋字仲儀行一年二十九十月十二日生
曾祖信 祖子聰 父欽 母夏氏
具慶下 弟璔 琮 娶李氏
河南鄉試第三名 會試第四十名

李釗

貫河南河南府洛陽縣軍籍 國子生

治易經字孟遠行一年三十二十二月十三日生

曾祖仲良 祖讓 父誠學生 母邢氏 繼母呂氏

重慶下 弟鑄 娶王氏

河南鄉試第二十二名 會試第六十八名

張翊

貫廣東廣州府番禺縣軍籍 府學增廣生

治書經字廷獮行二年二十四十月十六日生

曾祖晉壽 祖彥珵封戶部主事 父瑞 母麥氏 繼母鄒氏

重慶下 兄翺 弟翹翓翷翮詡翥翔翽翢翀 聘陳氏

廣東鄉試第五十九名 會試第十二名

李恭

貫河南衛輝府淇縣民籍　國子生

治書經字叅敬行二年四十九月二十五日生

曾祖茂　祖彥才　父欽　母趙氏

永感下　兄整　弟旺　鐸　娶魏氏　繼娶王氏

河南鄉試第六十二名　會試第二百二十二名

周蕃

貫四川重慶府長壽縣民籍　國子生

治詩經字世昌行一年三十八十二月十一日生

曾祖貴　祖紹敬（贈戶部主事）　父天民（知府）　母陳氏（贈安人）　繼母何氏　但氏（封安人）

慈侍下　弟華（國子生）　賁　蓁　莅　娶張氏　繼娶黃氏

四川鄉試第三十三名　會試第二百四十一名

王坦

貫山東濟南府德州平原縣軍籍 國子生

治詩經字彥平行一年三十一三月初四日生

曾祖敬先 祖瑛 父蕃 母魏氏

重慶下 弟健 德 墀 娶裴氏

山東鄉試第五十三名 會試第八名

劉瓊

貫順天府順義縣軍籍 儒士

治詩經字德温行一年二十八十二月二十五日生

曾祖義 祖鐸主簿 父瀓府同知 母董氏 繼母張氏

具慶下 弟璪 璁 娶馬氏

順天府鄉試第二十八名 會試第一百三十三名

蔡肅 貫福建福州府閩縣民籍 國子生
治禮記字克恭行五年二十八五月二十六日生
曾祖玉 祖鏗 父孔清 母林氏
具慶下 兄堂 弟禹 娶吳氏
福建鄉試第三十四名 會試第九十六名

熊佑 貫山東青州府博興縣民籍 國子生
治詩經字良佐行二年二十九七月初五日生
曾祖九功 祖志賢 父泰縣主簿 前母李氏 母紀氏
慈侍下 兄福 娶劉氏
山東鄉試第六十名 會試第二百九名

徐瑁
貫直隸廣平府永年縣軍籍 國子生
治春秋字廷璧行一年二十七九月十六日生
曾祖仲良 祖友諒 父宣 母陳氏
具慶下 娶王氏
順天府鄉試第二十名 會試第十五名

龔沅
貫福建建寧府建安縣軍籍 國子生
治詩經字孔啟行二年三十七十一月二十九日生
曾祖彥章 祖仁封翰林院編脩 父錡翰林院編脩 母陳氏封孺人
永感下 兄泂 弟清 娶劉氏
福建鄉試第十一名 會試第二百四十五名

楊澄　貫四川潼川州射洪縣民籍　國子生
治詩經字憲父行三年三十四正月初七日生
曾祖清　祖景安　父紹廣　嫡母鮮氏　生母趙氏　繼母費氏
慈侍下　兄端本　弟源　翀　允　娶傅氏　繼娶陽氏
四川鄉試第五十五名　會試第一百九十名

陳鯉　貫福建興化府莆田縣民籍　國子生
治書經字騰龍行一年三十二八月十六日生
曾祖德輝　祖文善　父時若　母黃氏
具慶下　弟鱸　娶林氏
應天府鄉試第四十六名　會試第七十名

羅元吉

貫山西太原府榆次縣民籍　國子生

治禮記字大昌行二年三十三三月初九日生

曾祖希祖　祖資 典史　父清　母張氏　繼母張氏

具慶下　兄元亨 弟元祥 百戶 元慶 元泰 元明 元良 元龍 元鳳 娶張氏

山西鄉試第一名　會試第一百四十名

董通

貫山西平陽府臨汾縣軍籍　國子生

治書經字彥達行一年三十一三月初七日生

曾祖誠　祖士良　父欽　母史氏

具慶下　弟達　娶張氏

山西鄉試第八名　會試第一百五十四名

陳密 貫廣東廣州府南海縣民籍 儒士
治易經字存義行六年二十八閏十一月初四日生
曾祖惟善良醫正 祖賜全 父仲儒 母梁氏
永感下 兄騏按察司僉事 驥 駿醫學訓科 諫 璠 弟驎 娶關氏
廣東鄉試第五十四名 會試第二百三十七名

劉昂 貫山東濟南府武定州海豐縣民籍 國子生
治書經字廷舉行二年三十六十一月十五日生
曾祖成甫 祖文義巡檢 父憲 前母張氏 母高氏
具慶下 兄輝 弟杲 昱 昊 肱 娶王氏
山東鄉試第二十四名 會試第六十四名

奚昊

貫直隸松江府華亭縣民籍 府學增廣生

治詩經字時亨行四年二十三九月初五日生

曾祖興盃 祖文政 父盛知州 母梁氏

慈侍下 兄元 晃 昂 娶潘氏

應天府鄉試第一百六名 會試第一百九十六名

李鏡

貫江西廣信府弋陽縣民籍 國子生

治書經字文明行四十五年三十三二月十一日生

曾祖庭椿 祖崇素 父守珩 母趙氏

慈侍下 兄錡 銛 娶詹氏

江西鄉試第八十名 會試第五十名

徐謙

貫河南開封府陳州太康縣人羽林前衛官籍順天府學生

治春秋字伯亨行二年三十三五月十六日生

曾祖普義　祖彥方　父文祥　母王氏

嚴侍下兄讓　弟謹讚誌　娶潘氏繼娶陳氏

順天府鄉試第七十名　會試第七十二名

姜天錫

貫四川都司寧川衛軍籍　國子生

治易經字祐之行四年三十四六月十四日生

曾祖文清　祖時秀　父澄前母李氏　蔣氏母蔣氏

慈侍下兄天鍾天鏞天鐸　娶馬氏繼娶耿氏童氏

四川鄉試第三十五名　會試第一百三十二名

丁鏞
貫應天府上元縣匠籍　國子生
治書經字鳳儀行三年三十五二月初一日生
曾祖福二　祖伯通　父禮　母唐氏
慈侍下　兄鑑鎧　弟鈺　娶張氏
應天府鄉試第八十一名　會試第三十一名

李俊
貫陜西鳳翔府岐山縣民籍　國子生
治書經字子英行一年三十九七月二十日生
曾祖克用　祖智　父賜　母曹氏
慈侍下　娶袁氏
陜西鄉試第十七名　會試第二百四十四名

何俊　貫湖廣郴州軍籍　國子生
治易經字廷彥行七年四十三三月初十日生
曾祖德翁　祖仁海　父義堅州同知　前母袁氏　母鄧氏
慈侍下　兄琛千戶　儀　琮　俱　瑄　瑜　弟价　娶廖氏
湖廣鄉試第七十八名　會試第一百九十一名

葉祚　貫直隸蘇州府吳縣人武功左衛軍籍　軍餘二
治春秋字應福行三年三十三二月二十三日生
曾祖長　祖敏　父華　母陳氏　繼母吳氏
慈侍下　兄旌　祐　弟晃　時　昱　娶蔡氏　繼娶王氏
順天府鄉試第十三名　會試第一百六十二名

李鸞 貫河南汝寧府確山縣民籍 國子生

治春秋字廷儀行二年三十一十月初五日生

曾祖順中 祖榮訓導 父廷豐 母洪氏

具慶下 兄鳳 娶黃氏

河南鄉試第三十二名 會試第一百四十六名

徐瓚 貫浙江嘉興府秀水縣人太醫院醫生

治詩經字國用行三年三十四五月二十八日生

曾祖潤德 祖秉中 父文昭典史 母范氏

嚴侍下 兄珪國子生 璋 弟璧 玉 娶莊氏

順天府鄉試第一百二十名 會試第七十六名

柳應辰 貫湖廣岳州府巴陵縣民籍 府學生

治詩經字拱之行一年二十八月二十六日生

曾祖正華 祖晃訓導 父玠教諭 母段氏

具慶下 弟應軫 應奎 應張 娶易氏

湖廣鄉試第二十二名 會試第八十九名

陳鳳 貫四川保寧府巴縣民籍 國子生

治書經字文瑞行一年三十一十一月十七日生

曾祖敬親 祖銘 父琳 母李氏 繼母王氏

具慶下 弟翔 娶趙氏

四川鄉試第十二名 會試第八十四名

周郁 貫直隸河間府阜城縣軍籍 縣學生

治詩經字文盛行三年四十二月初十日生

曾祖耀先 祖士英 父全 母趙氏

永感下 兄敬 榮 弟林 娶王氏

順天府鄉試第四十七名 會試第一百二十名

毛泰 貫河南開封府蘭陽縣民籍 國子生

治詩經字時亨行一年二十七九月初五日生

曾祖天祥 祖倫教諭 父存誠監察御史 母孫氏 繼母王氏

重慶下 弟瀚 濟 淮 娶王氏

河南鄉試第七十名 會試第一百十四名

張璁

貫浙江處州府麗水縣人今雲南平夷衛官籍 國子生

治書經字廷璧行三年三十一十月二十四日生

曾祖俊 祖斌千戶 父榮衛鎮撫 母曹氏

具慶下 兄璘衛鎮撫 玘 娶陸氏

雲南鄉試第三十名 會試第四十四名

姚倫

貫直隸常州府武進縣民籍 國子生

治書經字大倫行二年四十六月二十六日生

曾祖德 祖顯 父翔教諭 母劉氏

具嚴侍下 兄京 娶張氏

應天府鄉試第十二名 會試第二百十四名

祝瀾

貫江西饒州府德興縣民籍　國子生

治詩經字有本行七年三十四五月二十一日生

曾祖仲銘　祖韶濩　父鎮安　母童氏

慈侍下　兄溥頌況淑澳弟浚　娶舒氏

江西鄉試第十八名　會試第一百三十九名

王玹

貫直隸河間府滄州鹽山縣民籍　國子生

治書經字邦器行一年二十七六月初一日生

曾祖能　祖貴　父幹　母楊氏

重慶下　弟瑀瑞瓊瑤　娶徐氏

順天府鄉試第四十四名　會試第二百十一名

李進 貫山西平陽府曲沃縣軍籍 國子生
治詩經字時勉行一年三十五月初三日生
曾祖賢 祖思誠 父瀹 母王氏
具慶下 弟璽 運 遷 娶王氏
山西鄉試第十九名 會試第一百八十七名

鮑麒 貫浙江溫州府平陽縣民籍 國子生
治書經字仲瑞行三年三十六十月初十日生
曾祖德善 祖士高贈刑科給事中 父叔茂 母韓氏
慈侍下 兄魁 顯 弟鳳知縣 麟舉人 龍 虎 豹知縣 鵠 鵬 娶丘氏 繼娶楊氏
浙江鄉試第七十名 會試第一百十三名

樊經

貫湖廣岳州府澧州民籍　州學生

治書經字大經行三年二十六十二月十二日生

曾祖琯　祖如玉　父懋倉大使　母吳氏

具慶下　兄綱紀　弟綸緯紳　娶黃氏

湖廣鄉試第一名　會試第一百二十七名

宋守孚

貫湖廣郴州桂陽縣軍籍　國子生

治易經字中孚行一年三十六十月十一日生

曾祖攀麒縣主簿　祖思謙贈監察御史　父英布政司右布政　母胡氏封孺人

具慶下　弟守願守謙守蒙守貢守恒　娶何氏繼娶陳氏

湖廣鄉試第三十九名　會試第一百二十八名

邵暉 貫直隸常州府宜興縣民籍 國子生
治易經字日昭行二年三十五月初八日生
曾祖孟文 祖德全 父瑄 母王氏
具慶下 兄煥 弟旦 娶陳氏
應天府鄉試第三十二名 會試第二名

張衍 貫直隸松江府華亭縣民籍 府學生
治書經字敬先行一年三十二十一月二十二日生
曾祖富二 祖明 父正宗 母郭氏
慈侍下 弟衎 娶方氏
應天府鄉試第十九名 會試第一百九十九名

方珪

貫福建興化府莆田縣軍籍 儒士

治詩經字純潔行一年二十五正月二十七日生

曾祖思廣 祖廷積 父秉齡 母陳氏

重慶下 弟璋 珊 娶王氏

福建鄉試第四十一名 會試第九十五名

盧瑪

貫浙江寧波府鄞縣軍籍 國子生

治易經字希玉行三年三十八四月初十日生

曾祖祥卿知縣 祖敬 父軿 母許氏

慈侍下 兄玘 璘 弟琳 娶穆氏 繼娶倪氏

浙江鄉試第四十三名 會試第七十七名

鄭宏 貫河南汝寧府光州光山縣匠籍 國子生
治禮記字德崇行一年二十八正月初六日生
曾祖原禮 祖欽 父昌 母程氏
慈侍下 弟宥 憲 娶丘氏
河南鄉試第五名 會試第一百五十名

顧竑 貫直隸蘇州府吳縣民籍 國子生
治易經字惟遠行二年三十五二月初五日生
曾祖德甫 祖伯雍 父寅仲 母曹氏
嚴侍下 兄端 弟竩 翊 竬 娶杜氏
應天府鄉試第六十五名 會試第四十三名

吳傑 貫直隸揚州府江都縣民籍 國子生

治詩經字廷臣行一年三十十一月二十六日生

曾祖福乙 祖仲賔 父潤 母賈氏

重慶下 弟俊 倣 伸 佐 倫 娶高氏

應天府鄉試第六十七名 會試第二百一十六名

蕭晃 貫江西吉安府泰和縣民籍 縣學增廣生

治書經字廷晃行二年三十十二月十五日生

曾祖志剛 祖子貢 父孟淞 母劉氏 繼母彭氏

重慶下 兄廷昊 弟廷旬 紳 娶羅氏

江西鄉試第八十一名 會試第一百六十名

徐傑 貫山西大同府大同縣匠籍 國子生

治詩經字民望行一年三十二九月十六日生

曾祖全 祖景中 父貴 前母曹氏 母張氏 繼母孟氏

具慶下 娶趙氏 繼娶劉氏

山西鄉試第三十五名 會試第一百四十五名

顧佐 貫直隸鳳陽府臨淮縣民籍 府學生

治禮記字良弼行一年二十七七月十四日生

曾祖彥阜 祖英贈知州 父震治中 前母殷氏封宜人 母亢氏封宜人

慈侍下 兄慶 弟佑 倫 娶黃氏

應天府鄉試第十名 會試第六十六名

李濬 貫直隸常州府武進縣民籍 府學生

治詩經字德深行三年三十三月初三日生

曾祖富九 祖彥亨 父顯知縣 前母朱氏 母顧氏

慈侍下 兄澄 泉 弟溥 瀚 娶莊氏

應天府鄉試第五十九名 會試第四十五名

薛珪 貫直隸真定府趙州臨城縣民籍 國子生

治詩經字廷器行四年三十三十月二十六日生

曾祖弘友 祖志剛封戶部員外郎 父幹苑馬寺少卿 母張氏封宜人

具慶下 兄璡 理貢士 琦貢士 弟璋 娶李氏

順天府鄉試第七十八名 會試第一百五十八名

董榮

貫浙江台州府臨海縣民籍 府學增廣生

治禮記字廷寵行一年三十一六月初八日生

曾祖德明 祖廉惠 父尚表 母陳氏

具慶下 兄韜監察御史 弟顯 達 娶楊氏

浙江鄉試第六十三名 會試第二百二十五名

彭朗

貫江西吉安府安福縣民籍 國子生

治春秋字遐齡行一年四十一八月初八日生

曾祖學恂 祖迪吉 父世愷 母劉氏

重慶下 弟遐輝 遐煥 娶歐陽氏

江西鄉試第二十六名 會試第二百十名

郭銓

貫直隸廣平府威縣民籍　國子生

治詩經字秉衡行五年三十九月十六日生

曾祖友諒　祖士賢贈刑部員外郎　父⿰王扁刑部郎中　前母潘氏贈宜人　母莊氏

慈侍下　兄鈳　鏞　欽　鎡　娶王氏

順天府鄉試第一百十三名　會試第二百二十七名

齊文

貫直隸永平府灤州人燕山左衛官籍　國子生

治易經字應奎行一年三十八五月二十七日生

曾祖進中　祖貴贈指揮僉事　父安指揮僉事　母郭氏封恭人

具慶下　弟端　章給事中　娶甯氏

順天府鄉試第一百一十名　會試第二十二名

李灝

貫湖廣黃州府麻城縣民籍 國子生

治春秋字士清行二年三十五十一月初二日生

曾祖思敬 祖瑗（封戶部主事） 父正芳（右布政使） 母張氏（贈安人） 繼母金氏（封安人）

具慶下兄濂（貢士） 弟瀚 溥 瀹 滮 滋 潤 浹 至 璐 瀠 潡 娶趙氏

湖廣鄉試第四十二名 會試第九十名

姜宣

貫河南開封府蘭陽縣軍籍 國子生

治易經字德敷行一年三十六八月二十一日生

曾祖祥 祖昇（倉大使） 父通 母黃氏

具慶下 弟宏 娶閈氏

河南鄉試第三十九名 會試第二百二十九名

劉𤩽

貫江西吉安府安福縣人山東濟南衛軍籍　府學生

治易經字廷珎行二年二十六七月二十日生

曾祖彥莊　祖道生　父文華　母徐氏

具慶下　兄璃　弟瓚貢士　娶謝氏

山東鄉試第一名　會試第一百二十二名

謝顯

貫浙江紹興府會稽縣民籍　國子生

治春秋字時榮行九年二十五十月初九日生

曾祖尚　祖原英　父維嶽　母史氏

重慶下　兄賜　弟顒　雲　霦　娶周氏

浙江鄉試第五十六名　會試第六十一名

鄭炯 貫福建福州府閩縣軍籍 府學生

治易經字叔亮行二年二十七三月十七日生

曾祖伯敬 祖珏 父玟 母曾氏

重慶下 弟煇 燻 煜 炳 娶梁氏

福建鄉試第九名 會試第二百三名

王問 貫山東東昌府高唐州武城縣民籍 縣學生

治易經字好學行二年二十九閏十一月十四日生

曾祖思誠 祖仲禮 父循 母馮氏 繼母郭氏

具慶下 兄敏 弟閱 開 閏 慎 娶劉氏

山東鄉試第十二名 會試第一百三十八名

張倫

貫山東登州府黃縣軍籍　縣學生

治書經字宗道行二年二十六八月初九日生

曾祖信　祖翀　父輝知縣　前母劉氏　母申氏

具慶下　兄偉義官　弟佺　仁　娶宋氏

山東鄉試第十一名　會試第一百九名

吳祚

貫浙江嚴州府淳安縣民籍　縣學生

治春秋字关保行七年三十四月二十六日生

曾祖祖蔭　祖芳遠　父晉封兵部郎中　前母方氏贈宜人　母應氏封宜人

嚴侍下　兄禧　禪　福兵部郎中　汝器　宗器　珎器　弟公器　娶胡氏

浙江鄉試第三十一名　會試第二百三十八名

蕭定

貫河南南陽府南陽縣人直隸涿鹿左衛軍籍 國子生

治禮記字文靜行四年三十七月二十三日生

曾祖彥明 祖士能 父貴 母劉氏

慈侍下 兄安 宏 寧 娶李氏 繼娶吳氏

順天府鄉試第五名 會試第二百十五名

吳瓌

貫福建漳州府漳浦縣民籍 縣學生

治易經字仲偉行二年二十九正月二十六日生

曾祖賜福 祖沛然 父本彝 母龔氏

具慶下 兄遜 森禮部郎中 原兵科給事中 旺 弟震貢士 倪 準 娶陳氏

福建鄉試第八十七名 會試第二百十九名

林表

貫福建漳州府漳浦縣民籍 縣學生

治易經字廷儀行一年三十九月二十四日生

曾祖友清 祖玄朔 父用碩 母王氏

具慶下 弟綽 衮 哲 嶷 娶張氏

福建鄉試第十八名 會試第一百十八名

劉源

貫順天府宛平縣民籍 儒士

治詩經字汝潔行一年三十三五月初二日生

曾祖孝先 祖英 父俊 嫡母周氏生母黃氏繼母盧氏

慈侍下 弟溥澤淮浙淳滋溫潤澄江漢 娶張氏

順天府鄉試第八十八名 會試第八十三名

趙聰

貫湖廣襄陽府穀城縣軍籍 國子生

治書經字時憲行一年三十三八月初九日生

曾祖敬 祖彥清 父信 母殷氏

具慶下 娶余氏

湖廣鄉試第三十八名 會試第二百四十七名

解敏

貫山東濟南府德州軍籍 國子生

治詩經字克聰行二年三十二六月二十七日生

曾祖資 祖廷訓 父武 母杜氏

具慶下 兄成 弟傚 敷 娶蔡氏

山東鄉試第四十三名 會試第五十九名

臣張昇

臣
對臣聞治本於道道本於誠非道不足以善治非誠不足以立道蓋道為治之本誠又道之本也有其道然後能致其治有其誠然後能盡其道是誠也者萬善之原萬事之本推之無不準動之無不化以之擇材於文則真材無不得拔功於武則武將無不善以之因天時以利民而民生無不遂因地利以厚民而民居無不安文武于焉而兼資而用無不周天地于焉而財成而功無不著人君為治之道豈越乎此哉故曾子傳大學有曰意誠而后心正身脩家齊國

治天下平子思作中庸亦曰凡為天下國家有九經所
以行之者一也一即誠也大哉誠乎其治道之本乎欽惟
皇帝陛下聖神文武剛健中正上承
天命下得人心即位以來五年于茲民物阜安風俗醇美
四夷咸賓萬方樂業凡所以致治保邦持盈守成之
道至矣盡矣然猶
體道謙冲遊心高遠銳於圖治切於求言萬幾之暇特
進臣等于
廷降賜
清問詢以兼資文武之要財成天地之道顧臣一介庸

儒識見謭陋曷足以上揆
淵衷仰裨治道然竊思之臣倘
朝廷作養之恩沐
陛下化導之德有愛
君憂國之心無由以自獻有忠
君報國之志無路以自達今幸見錄於有司得立
玉階方寸地正叫
閶闔呈琅玕之日也敢不俯竭愚衷以對揚於萬一乎
臣聞民者所以固邦本而理民之任則在乎擇材於
文兵者所以衛民生而馭兵之寄則在乎拔功於武

故翕受敷施九德咸事而致庶績之其凝武夫洸洸
經營四方而致王心之載寧文臣武將自古爲重誠
不可不審也我
國家崇儒重道取士之制雖非一途要之首科貢而次
薦舉未嘗不重文臣之選崇德報功選將之道亦非
一端要之先才能而後蔭叙未嘗不重武將之職銓
衡之途奚至於壅滯所之員奚至於濫乎仰惟
陛下有迪知忱恂之明有庶政惟和之效然猶圖底丕平
以文臣武將爲兵民之所賴故欲有以疏通之此尤
見

聖智之高明也臣請得為
陛下言之蓋自邇年以來文臣則或因開貢之條而混升
國學或緣納粟之例而濫登仕籍況夫拘於資格之
先後牽於歷任之久近以有限之職待雜進之流銓
衡之途由之壅矣武將則勳舊是屬而秉節鉞者或
韜畧之蔑聞弊習相承而統師旅者或勤能之罕著
況夫功多出於賄求賞每加於倖得未經鋒鏑之勞
已登錄用之典衛所之員由之濫矣銓衡之途既壅何
敢望其展素蘊以理民衛所之員既濫何敢望其奮
武勇以馭兵哉此不能無勞於

聖慮也為今之計莫若嚴考察黜陟之法治行卓異者則增秩以奬異之年力衰邁者則以禮而退遣之杜塞奔競僥倖之門擯斥庸陋貪污之輩則用人之道必如唐臣陸贄所謂名利相均而不至於壅矣重爵賞勸懲之典功勲既著者則計其勞以加賞材畧有聞者則随其能以授任不以其無功而施汎濫之恩不以其有罪而行姑息之政則選将之要必如唐臣陸贄所謂虛實相濟而不至於濫矣盖誘人之方惟名與利名近虛而於教為重利近實而於德為輕錫賚財賦秩廪所以彰其實差品列殊章服所以飾其虛

虛實交相養故人不瀆輕重互相制故國不廢權

疏通之術豈越於此乎然求其本則在於

陛下此心之誠而已誠心以行之而必期其功則司理民之責者皆有守有為之人當馭兵之寄者咸有嚴有翼之士尚何慮其有不疏通者哉雨露適時則年豐旱澇相仍則年歉此歲無常稔者乃天之道久居其地則難棄久享其利則重遷此土有常懷者乃人之情然堯雖有洪水滔天而黎民之於變者自若由其有以備天道之無常湯雖有大旱積久而商邑之用協者自如由其有以逐人情之常懷天時地利在人

裁制不可不知也我
國家救荒有法儲蓄有備而所以因天時者得其道矣
田有等則賦無過取而所以因地利者得其道矣糴
之價奚至於貴民之居奚至於徙乎仰惟
陛下有懷保小民之心有萬邦咸寧之效然猶深求至治
以天時地利為生民之所資故欲有以財成之此尤
見
聖心之剛健也臣請得為
陛下陳之盖自邇年以來年一歉則穀粟缺乏無以給民
食囊橐空虛無以遂民生而啼飢號寒者深可矜也

民一貧則棄久依之桑梓即新刈之蓬藋而流離播
越者深可憫也米之價既踊則民食且不足尚何望
其出賦稅以充國用民之居既徙則自救且不贍尚
何望其効勤誠以固邦本哉茲不能無厪於
聖慮也為今之計莫若選監臨之官行便宜之政知歲無
常稔而有可常之道必思患預防歛散以時若前代
常平之法斯可行也擇守令之賢行子惠之政知民
有常懷而遂其有常之情必量地分田因民制產若
前代均田之制庶可為也蓋常平之法兆於齊魏而
成於耿壽昌均田之制行於後魏而出於李安世豈

則增價糴之以利農凶則減價糶之以利民是之謂
常平男子四十畝婦女二十畝人戶絶者以爲公田刺
史十五頃縣令以上六頃其田則更代相付是之謂
均田斟酌其宜使合於人情庶豐歉之相濟損益其
制使宜於土俗庶貧富之適均綏輯之道豈要於此
乎然究其本則在於
陛下是心之誠而已誠心以爲之而必期其效則天下莫
不席於飽食煖衣之域民生莫不囿於安居樂業之
中尚何慮其有失所者哉夫內資文治外資武功文
臣武將之並用威勢德化之並行乃久安長治之計

也上因天時下因地利安老懷少皆有所資養生送
死喪無所憾實參贊燮理之功也若乃致治大道必
有至言古之臣獻言於君雖有可采而不能無弊若
董仲舒道明三代學貫天人議論淵源理義醞藉其
言得聖道之經也鼂錯上言兵事思慮周密尊君抑
臣辭氣激烈其論得聖道之權也仲舒雖得聖道之
經然陰陽災異之言未免流於迂而不切鼂錯雖得
聖道之權然刑名術數之論未免流於詐而不正故
宋儒蘇洵因論賈誼而言二子蓋得其當矣賈誼以
年少之資而被孝文之召觀其治安一策有忠愛之

至誠勸興禮樂知教化之先務其辭辯矣張良以豪傑之才而輔高帝之興運籌決策而定天下之大亂因事納忠而關天下之大計其智周矣賈誼之論雖辯然草具儀禮三表五餌而其術則不密焉張良之計雖智然術本權謀學宗黄老而其文則不及焉故宋儒蘇軾因論陸贄而及二臣蓋近乎是矣文德也武功也救荒也安民也此四者之務固所當講仲舒也鼂錯也賈誼也張良也此四臣之偏亦所當知大抵文武之選不必拘也在乎可以行於今安養之道不必泥也在乎有以利於民使得人以司文武之選

而能隨勢以變通得人以主安養之道而能度時以舉行則品節適中而宜於時矣仲舒賈誼之失由乎學術之未精鼂錯張良之失由乎學術之不正使其泝義理之淵源而不安於小成務聖賢之正學而不雜於他岐則損過就中而合于道矣然宜於時合于道皆其用之見於外焉爾苟不本諸誠則內之體不立施之必有所不當行之必至於易倦故臣終始以誠為

陛下獻者良以誠之為道真實無妄純粹無偽徹上徹下皆實理之所為一有所雜則妄矣悠久不息周流不

已亘古亘今皆實心之所為一有所間則息矣臣伏

望

陛下存此誠於雷聲淵默之時體此誠於酬酢應變之際凡一念之動則曰吾之念慮得無有所雜乎明以察之使無一念之或妄一事之行則曰吾之施為得無有所間乎剛以制之使無一事之不實則治道之本立矣然而一心之微攻之者衆或以聲色或以貨利或以遊田或以逸豫數者一或不審則欲動於中而此誠變矣臣願

陛下遠聲色而不邇厭貨利而不殖謹遊田而不恣戒逸

豫而不肆勿貳以二勿參以三然後本源澄澈終始惟一而此誠豈有間斷哉或於沉湎或於奢侈或於異端或於諂諛數者一或不察則心逐於外而此誠泯矣臣願

陛下禁沉湎而弗為戒奢侈而弗行斥異端而弗尚拒諂諛而弗親不東以西不南以北然後方寸明白久暫有常而此誠豈有止息哉由是可以措民物於熙皞綿

宗社於隆長重華之德丕承之功豈獨專美於舜武哉

陛下之策臣者臣既已縣陳之而要其歸在乎一誠矣然

於終篇復有所獻焉者蓋愛
君之心不能自已也夫誠固為治道之本而所以行是誠
者又在乎
陛下之明與剛明則有以識其誠之正剛則有以決其誠
之幾明非煩苛伺察之謂乃知道誼識安危別賢愚
辯是非之謂也剛非强亢暴戾之謂乃惟道所在斷
之不疑奸不能惑佞不能移之謂也
陛下誠廓日月之明無微不察無幽不燭如書所謂憲天
聰明奮
乾剛之斷見義必為聞善即行如書所謂惟克果斷夫

如是則表裏此誠終始此誠如中庸所謂至誠無息
不息則久久則徵徵則悠遠悠遠則博厚博厚則高
明治天下之道無餘藴矣臣之此言迂踈淺陋固若
無可采者然實出於惓惓一念之忠也伏望
陛下俯垂
睿覽豈惟愚臣幸甚實天下幸甚萬世幸甚臣謹對

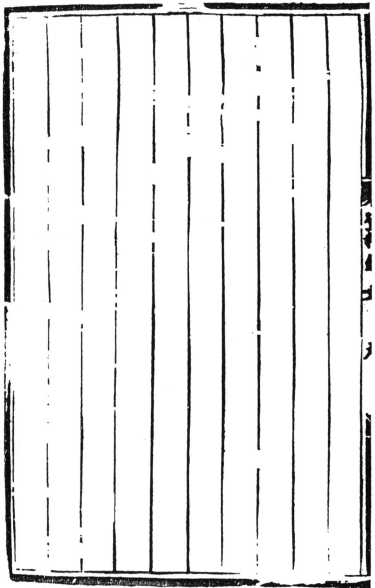

臣丁溥

臣對臣聞帝王圖治之道本於心帝王存心之道本於敬夫敬以存心則心體光明而正大自有以洞察天下之事機心以圖治則治道平康而正直自有以克成天下之事業故有志於帝王之圖治者不可不存其心有志於帝王之存心者不可不盡其敬以此心之敬理當世之務則疏通文武之選典綏輯天下之民生無往而不宜於時以此心之敬察昔人之偏則經權迂詐之得失辯智文術之是非無一而不合於道尚何患乎文臣武士之壅遏天時地利之凶歉

而治道有不陋漢儒之言以比隆唐虞三代之盛哉
欽惟
皇帝陛下禀聰明睿智之資備剛健中正之德即位以來
圖惟治理聲色貨利無所邇殖宮室苑囿無所增廣
布公道以肅紀綱凜乎雷霆之發歆獎直言以勵氣
節浩乎江海之納川是以倫紀粲乎其脩明風俗藹
乎其丕變
功業文章巍然煥然而大哉帝堯君哉帝舜不得專美
於前矣然猶
體道謙冲不自滿假

廷集多士咨訪治道拳拳以治功弗張為言孜孜以政
績罕著為慮臣有以知
陛下念
祖宗創業之艱難思今日守成之不易志在康乂兆民保安
社稷夙夜靡寧真堯舜之用心也顧臣淺陋曷克以仰承
聖詔茂明大對以裨治道之萬一耶伏覩
太祖高皇帝
太宗文皇帝順天人之心以建不拔之業其治世求言之
道兼裕後昆而無間
仁宗昭皇帝

宣宗章皇帝
英宗睿皇帝協天人之心以綿無窮之祚其洽世求言之
道仰紹前烈而有光
皇明誕啓曆數無疆
陛下今日所受之天命即
祖宗列聖之所昭受者臣願
陛下以天心為心常存敬天之實則寵承六龍以御天尊
居九重以凝命福祿與
陛下萬年而安享與非臣之諛言也周公告成王嘗曰永
言配命自求多福寧無故哉

陛下今日所孚之人心即
祖宗列聖之所素孚者臣願
陛下以民心為心恒切勤民之念則車書會同於四海玉
帛来王於萬國邦家賴
陛下萬年而鞏固此非臣之迂談也召公告成王嘗曰豈
弟君子民之父母寧無自我伊欲盡天人之責其要
在於簡文臣而精武選盖文有科第胄監之差有賢
良才德之別擇其材之深於文者或識達治體或通
曉世故所以理民事也武有親貴勳勞之異有行伍
卒隷之殊拔其功之優於武者或智略精鋭或弓馬

熟閑所以馭兵戎也我
國家內資乎文外資乎武文武內外維持一德與武王
保有厥士克定厥家同符而合轍矣柰何典銓選者
惟知體
陛下寬厚之仁不務嚴黜陟之法故竊名文學者或壞科
目以進身或肆貪墨以苟祿則銓衡之途烏得而不
壅昧諳韜略者或循資蔭以承襲或冐功次以超越
則衛所之員烏得而不濫是誠有以勤
聖志之所慮矣試深省之薰蕕無別涇渭不分惡在其能
疏通也哉臣願

陛下攬乾綱於獨斷揭日月於中天戒令大臣恪遵成憲嚴加考覈濫舉有禁犯者不能緩其刑倖進有罰來者不容踵其迹有上粮馬而入監聽選者杜僥倖於將來有擁貔貅而坐食妨政者汰浮冗於既往庸愚不得以叨爵祿老弱不得以占名器曾不聞昔人名利虛實之說乎職事一官以序才能以位賢德施實利而寓之虛名勲爵散號以馭崇貴以甄功勞假虛名而佐其實利疏通之道端不出此矣伊欲契天人之心其要在於足民食而奠民居蓋陰陽衍愆伏水旱流行而為灾為虐此歲無常稔者天之道也鄉田同

井出入守望而相友相助此土有常懷者人之情也
我
國家上安乎天下安乎人天人上下感通一理與文王
燕及皇天克昌厥後同條而共貫矣奈何職司牧者
罔念行
陛下寬恤之政惟欲峻掊克之私故旱乾水溢之靡常而
年穀不登何免貴糴以充餒仰事俯育之無賴而貧
乏不堪何免離散以苟全是真有以勞
聖心之所憂矣請詳究之歛散無方田制不定惡在其能
綏輯也哉 臣願

陛下總攬機務於自裁敷雨露於九有申飭大臣按行有司
頻加督勸遇歲豐歉倉廩皆有實儲臨民出納主典
不敢侵奪有守田廬而貧餒者賑而安之有就耕食
而流亡者招而撫之豪强不得以恣漁獵貪酷不得
以肆徵科獨不覩前代常平均田之事乎穀賤則增
價而糴以利農穀貴則減價而糶以利民雖不逮乎
周官荒政之良而耿壽昌權時之計猶可舉男子婦
人四十畝二十畝皆有等縣令刺史六頃十五頃皆
有則雖不侔乎分田制祿之善而李安世濟時之策
尚可行綏輯之道亦不外此矣夫天下之臣工孰不

摠核於文武誠使疏通之道名利相須虛實相濟庶乎兼資文武有其人矣由是文以附衆足以裕邦計而內治脩武以威敵足以捍邊陲而外夷攘豈不周一世之用乎天下之民生孰不根本於天地誠使綏輯之道常平有法均田有制庶乎財成天地盡其道矣由是水土貢而民居安天時有以應於上五穀熟而人民育人事有以協於下豈不遂萬姓之安乎雖然求大道以圖治必切於時宜資治道於至言當稽諸往古董生天人三策度越諸子彷彿乎聖道之經宜適用也其縱陽閉陰之說如迂何晁錯邊事一矣

璽書褒美依稀乎聖道之權似濟時也其刑名術數
之學如詐何觀宋儒蘇洵之論其得失胥可知矣文
帝武帝以直言策士而所言未必皆直較之言合稷
契謂之忠者為何如治安一書通達國體辯莫辯於
賈誼矣而五餌三表以係單于之屬術果審於陸贄
乎運籌決勝躡足附耳智莫智於張良矣而學宗黃
老以從赤松之遊文果及於陸贄乎觀宋儒蘇軾之
論其是非互可見矣高帝文帝以正議求士而所議
未必皆正揆之謨合皐陶謂之嘉者為何若噫此漢
之君臣所以不唐虞三代之君臣而漢之治功所以

不唐虞三代之治功以自汩沒於雜霸深可為之太
息者抑通論之豈惟漢哉前乎漢也縱橫於戰國棄
滅於嬴秦唐虞三代之禮樂教化何寥寥乎後乎漢
也夷風雜於唐道不純於宋唐虞三代之聲名文物
何落落乎天運循環無往不復洪惟
天朝
列聖繼作謠康衢於春臺玉燭之中歌明良於景星慶雲
之下肆惟
皇上適際隆興以不世出之才當大有為之日遠宗唐虞
三代之道近守

祖宗列聖之法咨臣以當世四者之務陳之必宜於時諭

臣以前代四臣之偏矯之必合於道臣又以見

陛下知周萬物而不棄於一得之愚明照四方而必詢于芻蕘之賤意者欲與忠貞之士商論治道權衡人物以壽億萬年太平之象也臣復為

陛下尋繹其義以推廣其說夫時者當其可之謂不當其可則非時矣四者之務謂之非時不可也臣以聖賢救時之心論之曰銓衡途壅曰衛所員溢務明黜陟之法則可否則賢否混淆而不可曰歉則糴貴曰貧則民徙務禁掊克之私則可否則天人胥憤而不可

陳四者之務必宜于時如此

陛下奚待他求哉古之禹思天下有溺者由己溺之稷思天下有飢者由己飢之能法禹稷之心急於救時于以建官位事發政施仁措斯世於唐虞三代之雍熙何難耶若使任官惟賢有乖於周官之制捍災禦患有愧於雲漢之章則非庶務不宜於時所以理之失其時耳臣故舉此以為緩於救時者之警也道者所當行之謂所不當行則非道矣四臣之言謂之非道不可也臣以聖賢行道之心論之曰經曰權有時可行而或迂或詐之虧於治體則不可行曰辯曰智有

時可行而不術不文文之遠於事情則不可行矯四臣
之偏必合於道如此
陛下亦將馬用考古之舜聞一善言若決江河禹聞一昌
言下車以拜能法舜禹之心急於行道于以都俞戒
飭臣鄰賛襄躋斯世於唐虞三代之泰和奚有耶若
使中郎補闕者出綰淮南之綬博士對策者往持江
都之麾則非言議不合於道所以聽之失其道耳臣
故舉此以為沮於行道者之戒也臣生長於鳳儀獸
舞之世樂育於鳶飛魚躍之天願為帝臣懷忠欲吐
謹述平昔

聖恩之所造就師友之所講明者已略陳其忠悃一二於
前矣
陛下策之篇終其慮臣等虛騁浮詞不切於世道且責之
朕將親覽而資治焉臣捧誦再三誠惶誠恐稽首頓首再
拜而言曰大哉
皇言乎一哉
皇心乎其所以廣開言路旁通下情必欲見諸行事以嘉
惠臣民之意至矣盡矣臣亦以為
陛下所以策臣徒究世變之汙隆不親
睿覽以資治焉雖勤勤問之夫何益臣等所以入對

泛論世道之興衰不獲
天聽以佐治焉雖譊譊誦之夫何功令
陛下之所問者切於時以訪於道矣愚臣之所荅者因其
時以明其道矣伏願
陛下心領神會探其要領以端出治之本不專事於口耳
文字之間實體驗於身心踐履之際譬之形影然欲
影之正必先立其形之端未有形不端而影正者也
譬之源流然欲流之清必先濬其源之潔未有源不
潔而流清者也故論天下之治道必本於
陛下之身心論

陛下之身心必本於始終之一敬蓋心者一身之主宰萬事之本根心之存不存顧敬與不敬何如耳敬者德之輿千聖傳心之法即所謂欽也唐虞君臣相傳相戒固惟在於此也仲虺告湯亦曰欽崇天道尚父告武王亦曰敬勝怠者吉是創業垂統者在此敬也周公告王亦曰文王緝熙敬止召公告王亦曰曷其奈何弗敬是持盈守成者在此敬也

陛下撫盈成之運紹熙洽之治宗社生靈之所附屬人才國計之所關係天地鬼神之所鑒察華夷上下之所觀瞻以一人之身繫天下之重

一時不敬則一時於帝王之道有虧一事不敬則一
事於帝王之道有愧其思所以敬之哉其思所以敬
之哉敬之之道將若之何昕臨
大廷之敬必不忽於暗室屋漏之中日御
經筵之敬必不替於便僻侍從之所一念慮無非敬而
全體以立一動作無非敬而大用以行則君子大居
敬而體元居正之事備矣殆見爕理之功至而玉燭
均調聖統之典成而陰霾呈霽弓矢積武庫之塵老
稚鋤桑麻之影九夷八蠻賓服於
皇風清穆之餘五嶽四瀆效靈於

治教休明之日諸福之物難致之祥昔所未聞於今則

見即宋儒程子所謂上下一於恭敬則天地自位萬

物自育氣無不和而四靈畢至矣於此可以四三王

六五帝而唐虞三代太平之治亘萬古而僅兩見於

今日天下幸甚萬世幸甚臣一介草茅才不足以出膺

世用學不足以對揚

王休唯忠愛一念與生俱生故敢於

聖問之外竭其狂瞽始終以敬之功化證效爲

陛下勸

陛下試采覽焉亦庶幾

聖德聖學之一勖哉臣干冒

天威不勝戰慄之至謹對

臣董越

臣對臣聞惟辟奉天惟皇作極而操致治之柄在於
君包括治體啓沃君心而言致治之要在於臣蓋天
下以一人為主而引君以當道為先君能操致治之
柄而不下移則以用人才而文武足以周一世之用
以賛化育而和氣足以遂萬姓之安此人君之尊所
以與天同體而有財成輔相之功也人臣能盡引君
之道而不敢惑以他岐則上而格君而君心無不格
下而言治而治效無不成此人臣之職所以與君有
相資而稱股肱耳目之任也君盡君道以致治而不

違臣盡臣道以言治而必切則何事之不可濟而何
弊之不可救何時之不可宜而何道之不可合哉唐
虞三代君臣之所以都俞吁咈於一堂而共成雍熙
泰和之治者用此道也欽惟
皇帝陛下以聖神文武之資備剛健中正之德紹承
大統五載于茲宵旰惓惓圖惟至理治已臻于
皇極而猶懷望道未見之心世已底於平康而方切視
民如傷之念廼於
萬幾之暇進臣等於
廷降賜

清問諸臣以當世之務責臣以盡言之誠臣有以知
陛下是心即古昔帝王兢兢業業不自滿假
祖宗
列聖用賢圖治孜孜汲汲之盛心矣顧臣愚陋曷足以奉
大對然而罄竭一得之迂愚以少裨
治道之萬一亦臣區區之素志也臣竊惟天下之事操
得其要則執簡可以御煩酌之有方則由今可以徂
古自古人君亮天之道莫要於用賢理民我
國家自
太祖高皇帝定鼎之初已著為令內而

京畿則設胄監以儲天下之英材外而郡縣則設學校以育民間之俊秀三年大比既拔其賢者能者以任用之以時充貢復儲其俊者秀者以預備之

列聖相承率由是道是即唐虞三代之家塾黨庠術序國學三物賓興克知克用之遺意矣銓選之途何嘗壅乎比年以來或緣邊儲未充而開納馬納粟之例或緣大臣建議而立限年拔擢之法是雖

國家因時制宜之常古昔立賢無方之意而非臣愚之所及知者然以今有限之位而待此無窮之才其酌之之宜處之之要亦所當講也伏望

陛下操黜陟之柄於上嚴考察之令於下申命大臣按行
方嶽不職者雖非久任而必去貪墨者雖有才美而
不留而又限以學校之員一如
祖宗舊制杜其雜進之路以塞僥倖之門凡在選部之末
仕而願乞閑者虛其爵號以榮之既仕而樂引去者
異其恩數以旌之則自然名利相均而不至於壅滯
矣自古人君經國之道莫要於選將馭兵我
國家自
太祖高皇帝垂統以來已有定制內設五府以總其綱外
設衛所以理其紀握將機者非勲閥而不授掌戎伍

者非軍功則不遷百年于茲循用是道足即唐虞三
代之詰爾戎兵張皇六師德懋懋官功懋懋賞之遺
意矣衞所之員何嘗溢乎近年以來承襲者不聞有
所簡選而肉食者每充斥於要津論功者未聞有所
顧惜而冒進者多溷淆乎名器是雖
國家功疑惟重賞延於世之大恩而非臣愚所敢輕議
者然以十人營屯之資而不足一人坐食之費其裁
省之要斟酌之方亦所當講也伏望
陛下操予奪之柄於上著澄汰之令於下徒選大臣按行
藩閫老不勝任者限之以更替勇敢有為者進之必

趨遷而又參酌重輕權衡虛實凡賞賚之可以代陛
者不以其實費而不與旌別之可以勸功者不以其
飾虛而不加則自然虛實相濟而不至有濫員矣歲
無常稔者天之道主有常懷者人之情故陰陽有愆
伏災沴之流行雖以帝堯之仁而不免於九年之水
雖以成湯之聖而不免於七年之旱以盤庚之遷殷
而安土重遷且不能已於大家世族而況於近年以
來或加以水旱之相仍或病於守令之屠剥則貴糴
以免餧轉徙以求生何能免哉伏蒙
陛下垂天地之至仁不忍赤子之困阨諮臣以綏輯之術

拯救之方臣愚不能自裁敢竊誦
聖策所謂常平有法誠可倣而為之也均田有制誠可稽
而行之也夫常平之法肇於李悝至漢耿壽昌因之
其法以穀賤則增價而糴以利農穀貴則減價而糶
以利民雖盡非周官荒政十二之法要亦可以免夫
歉則糴貴貧則民徙之憂矣均田之制出於李安世
而後魏因之其制則男子四十畝婦人二十畝戶絕
者為公田丁多者則增給以至縣令刺史皆有等差
雖非古人分田制祿之常要亦可以免夫富連阡陌
貧無卓錐之歎矣

陛下誠能操是數者之柄於上而責是數者之任於臣將見文武兼資德威並用大而論道經邦燮理陰陽者有其人次而六卿分職典司政教者有其人外之則藩閫之重足以爲干城守令之賢足以宣德化疆場不患乎無韓范之儒禁中不患乎無頗牧之輩禮樂以之而脩明紀綱以之而振舉蒼生以之而富庶蠻狄以之而賓服上而天地之道賴之以財成下而萬姓之繁資之以生遂真可以四三王而六五帝陋漢唐宋於不居矣尚何慮夫才不足以周一世之用而治不足以致萬姓之安哉若乃致此之道必有至言

陛下固已斷自
淵衷試諸事爲矣而猶舉以策臣者是即大舜好察邇
言之意昔人詢于芻蕘之義也臣聞之大學有曰古
之欲明明德於天下者先治其國欲治其國者先齊
其家欲齊其家者先脩其身欲脩其身者先正其心
欲正其心者先誠其意欲誠其意者先致其知致知
在格物中庸曰致中和天地位焉萬物育焉然自三
代以後獻言者能合此而不違體此而不失者百無
一二漢之董仲舒大廷三對黃鍾大呂似則似矣然
而屑屑於縱陰閉陽其視中庸致中致和之說爲何

若拘拘於災祥符應其視大學新民新命之意為何
如鼂錯之洋洋大對與董齊聲美則美矣然而刑名
其學果聖賢脩齊治平之學乎術數其歸果聖賢大
中至正之歸乎故宋儒蘇洵嘗謂董生得聖人之經
其失也流而為迂鼂錯得聖人之權其失也流而為
詐由是言之則其道術之未底於純獻言之未合於
道亦可見矣賈誼政事一書通達國體非不辯矣然
而詞傷激切致帝之謙讓未遑豈非不密之過乎張
良之為帝者師功成身退非不智矣然而學宗黃老
致帝之治雜伯功豈非不文之弊乎故宋儒蘇軾嘗

謂陸贄之智如子房而文則過辯如賈誼而術不踈
即此觀之則其學術之有偏引君之無術又可知矣
雖然
陛下之策臣者臣既畧陳其由矣而於終篇猶欲責臣以
陳四者之務必宜於時矯四臣之偏必合於道且
寵之以將覽以資治之詞臣愚誠不知所自出然嘗聞
之人主開求言之路必將有聽言之實人臣遇得言
之秋不可無獻言之誠蓋求言之路不常開而得言
之秋不易遇今
陛下開求言之路而臣遇得言之秋

陛下有聽言之實而臣可無獻言之誠乎臣竊惟天下之
事無不繫於人君之一身尤無不繫於人君之一心
陛下以不世出之資當大有為之日自
嗣登大寶以來凡擇材以理民援功以馭兵與凡敬天
之道勤民之要法古之宜聽言之實一惟總之以一
身斷之以一心惟古昔之聖帝明王與
祖宗
列聖之舊章成憲是守是若真足以措斯世於平康納斯
民於
皇極以隆我

國家億萬載太平之福矣而臣愚猶欲以操大柄之一
言本諸心之一語為
陛下獻者蓋
陛下之德雖不可以有加而臣子愛
上之誠每惓惓然有加而無已亦向陽之葵藿委澗之畎
澮也伏惟
陛下留神於用人亮天之間洞察於進言納忠之際慎名
器而不輕畀使爵位皆足以待功德之人召和氣以
富蒼生使凶荒不足以勞
宵旰之慮有言逆于心必求之於道有言遜于志必求

諸非道迂踈者於道或有合而不必遺辯智者於道有未合而不必與將見賢能效職而感召和氣之有入忠讜日聞而贊襄治化之有賴事雖有如四者之當務不必慮無以處之言雖有如四臣之有偏不必慮無以察之矣臣學術淺踈叨塵
賜對於前四者之務陳之未宜於時於後四臣之偏矯之未合乎道愛
君一念之誠發於天性惟
陛下恕其狂妄少
垂仁而採納焉則臣愚幸甚天下幸甚臣干冒

天威不勝戰慄之至臣謹對